纳税一学

代义国　编著

中国宇航出版社

· 北京 ·

图书在版编目(CIP)数据

纳税一学就上手 / 代义国编著. — 北京: 中国宇航出版社，2012.1

ISBN 978-7-5159-0126-8

Ⅰ. ①纳… Ⅱ. ①代… Ⅲ. ①纳税-税收管理-基本知识-中国 Ⅳ. ①F812.423

中国版本图书馆 CIP 数据核字(2011)第 252554 号

策划编辑	董 琳	封面设计	上品设计
责任编辑	任爱清	责任校对	陈晓敏

出版发行	中国宇航出版社		
社 址	北京市阜成路 8 号 (010)68768548	邮 编	100830
网 址	www.caphbook.com		
经 销	新华书店		
发行部	(010)68371900 (010)68768541		(010)88530478(传真) (010)68767294(传真)
零售店	读者服务部 (010)68371105		北京宇航文苑 (010)62529336
承 印	三河市君旺印装厂		
版 次	2012 年 1 月第 1 版		2012 年 1 月第 1 次印刷
规 格	787×960	开 本	1/16
印 张	14.25	字 数	241 千字
书 号	ISBN 978-7-5159-0126-8		
定 价	29.80 元		

本书如有印装质量问题，可与发行部联系调换

前言

说到纳税我们先来说说税收。

最近在网上看到一个小故事：

贵族对平民说："流氓要凌辱你们、强盗要掠夺你们、无赖要欺压你们。你们给我交钱，我组织一帮人来保护你们。"

平民们觉得很有道理，于是就积极地交了钱。

贵族对平民说："你们老的时候，无依无靠，我要盖养老院养活你们，你们要向我交钱。"

养老很重要，平民们踊跃地交钱。

贵族对平民说："我要让你们的孩子免费上学，要盖学校，你们要向我交钱。"

教育实在重要，平民们又向贵族交了钱。

……

这可能就是税收最早的形式，虽不是国家强制征收，但在本质上与国家征税没有什么区别，殊途同归。

税收的历史和国家的历史一样久远，自从有国家就有了税收，数千年前的古希腊、古罗马、古埃及就已存在税收。

前段时间新闻报导有关税收收入的数据：2011 年 1 ~6 月，全国税收总收入完成50 028.43亿元，同比增长 29.6%。那具体什么是税收呢？

税收收入是国家财政收入的最主要来源。马克思指出："赋税是政府机器的经济基础，而不是其他任何东西。"其实税收就是国家为满足社会公共需要，凭借公共权力，按照法律所规定的标准和程序，参与国民收入分配，强制地、无偿地取得财政收入的一种特定分配方式。

国家作为税收主体，既然有收税的，那肯定也就有纳税的。

怎么纳税，怎样纳好税，使其既符合国家税收规定，又能降低企业成本，可就是一门很深的学问了。

要想成为一个合格的纳税人员，不能孤立地看待纳税问题。

首先必须具有扎实的会计理论知识，会计是纳税人员算税的基础。

其次熟练掌握税法知识。会计人员按《会计准则》做账，但会计上的处理方法，有些在税法是不认可的，所以会产生差异。如果不了解税法，就不可能知道哪些会计和税法要求是一致的，哪些是不一致的，不一致的应该怎么处理。

纳税人员本职工作是纳税申报，也就是报税。纳税申报表中各项目的数字有些可以从账簿中直接抄取，有些就是不能直接抄取。所以必须知道表内项目及表与表之间的勾稽关系。

本书以税种为线条，对涉税方面的会计业务处理和纳税相关知识，进行了深入浅出的介绍，并对其进行了很好地归纳和总结。相信读者通过对本书的阅读，能在最短的时间轻松胜任纳税工作。

由于作者水平有限，加之时间仓促，书中难免会有不尽如人意的地方，希望各位读者指正和谅解。

作　者

2012年1月

目录

增值税

第一节　增值税概述

一、增值税的概念

增值税是以商品在生产和流通环节中产生的增值额为计税依据而征收的一种流转税。按照我国增值税法的相关规定，增值税是对在我国境内销售货物、提供加工、修理修配劳务以及进口货物的企业单位和个人，以货物销售额、提供劳务收入额以及货物进口金额为计税依据而征收的一种流转税。

二、增值税的类型

在实际的经济业务发生时，各国征收的增值税额都是以法定增值额为课税对象，而在购入固定资产的相关处理上，法定增值额与理论增值额不相一致，所以根据对购入固定资产已纳税款的处理上的不同，增值税可分为不同的类型。即根据实行增值税的国家允许抵扣已纳税款的扣除项目范围的大小，增值税可分为生产型增值税、收入型增值税、消费型增值税三种类型。增值税类型如表 1-1 所示。

表 1-1 增值税的类型

类 型	具 体 内 容
生产型增值税	生产型增值税以纳税人销售商品所取得的销售收入（或应税劳务收入）减去用于生产、经营的外购原材料、燃料、动力等生产资料价值及劳务支出后的余额作为法定的增值额
	生产型增值税不允许扣除购入固定资产价值中所含的税款及其折旧
	从整个社会来看，相当于国民生产总值，所以叫做生产型增值税
收入型增值税	收入型增值税不仅允许扣除用于生产、经营的外购物质材料价值而且对外购固定资产允许将当期计提折旧费所应分摊的那部分价值扣除
	收入型增值税对于购置的固定资产，可以按磨损程度相应的给与扣除
	从整个社会来看，相当于国民收入，所以称之为收入型增值税
消费型增值税	消费型增值税是企业销售商品取得的销售收入总额（或提供劳务总收入）将用于生产、经营购置的物质材料价值与购入固定资产价值中所含的税款，在购置当期全部一次扣除
	购置固定资产时已纳税金在购置当期已全部扣除，因此增值额就等于全部消费品价值（不含原材料、固定资产等一切投资品价值），所以称之为消费型增值税。

由以上可知，同生产型增值税比较，消费型增值税由于对固定资产允许抵扣，可以彻底避免重复征税，降低资本密集型产业的生产成本；同收入型增值税相比，消费型增值税税基小于收入型增值税。所以，目前世界上大多数国家实行消费型增值税。

三、增值税的纳税人

凡在我国境内销售货物或者提供加工、修理修配劳务，以及进口货物的单位和个人都是增值税的纳税义务人。

增值税纳税人划分为一般纳税人和小规模纳税人，它的基本依据是纳税人的会计核算是否健全，是否能够提供准确的税务资料以及企业规模的大小。衡量企业规模大小一般以年销售额为依据。现行增值税制度是以纳税人年销售额的大小和会计核算水平这两个标准为依据来划分一般纳税人和小规模纳税人。具体认定如表 1-2 所示。

表 1-2　增值税纳税人的认定

企业类型	认定规定
生产企业	年应税销售额在 50 万元（含 50 万）以下的，认定为小规模纳税人
	年应税销售额在 50 万元以上的，认定为一般纳税人
商业企业	年应税销售额在 80 万元（含 80 万）以下的，认定为小规模纳税人
	年应税销售额在 80 万元以上的，认定为一般纳税人
年应税销售额超过小规模纳税人标准的其他个人	可选择按小规模纳税人纳税
非企业性单位、不经常发生应税行为的企业	可选择按小规模纳税人纳税

四、增值税的征税范围

《增值税暂行条例》规定，在中华人民共和国境内销售货物或提供加工、修理修配劳务以及进口货物都属于增值税的征税范围，如表 1-3 所示。

表 1-3　增值税的征税范围

项　目	具　体　内　容	
一般规定	销售货物	“货物”，是指除土地、房屋和其他建筑物等不动产之外的有形资产，包括电力、热力、气体在内
		销售货物，是指有偿转让货物的所有权。有偿，是指从购买方取得货币、货物或者其他经济利益
	加工、修理修配劳务	加工是指受托加工货物，即委托方提供原料及主要材料，受托方按照委托方的要求制造货物并收取加工费的业务
		修理修配是指受托对损伤和丧失功能的货物进行修复，使其恢复原状和功能的业务。提供加工、修理修配劳务（以下称应税劳务），是指有偿提供加工、修理修配劳务
		单位或者个体工商户聘用的员工为本单位或者雇主提供加工、修理修配劳务，不包括在内

（续表）

项　目		具　体　内　容
特殊规定	特殊项目	货物期货，应当征收增值税，在期货的实物交割环节纳税
		银行销售金银的业务，应当征收增值税
		典当业的死当物品销售业务和寄售业代委托人销售寄售物品的业务，均应征收增值税
		集邮商品的生产，以及邮政部门以外的其他单位和个人销售的，均征收增值税
		邮政部门发行报刊，征收营业税；其他单位和个人发行报刊，征收增值税
		电力公司向发电企业收取的过网费，应当征收增值税，不征收营业税
	特殊行为	将货物交付他人代销
		销售代销货物
		总分机构（不在同一县市）之间移送货物用于销售的，移送当天发生增值税纳税义务
		将自产或委托加工的货物用于非增值税应税项目
		将自产、委托加工的货物用于集体福利或个人消费
		将自产、委托加工或购买的货物作为投资，提供给其他单位或个体经营者
		将自产、委托加工或购买的货物分配给股东或投资者
		将自产、委托加工或购买的货物无偿赠送其他单位或者个人

五、增值税的税率

增值税一般纳税人计算销项税额采用两档税率：基本税率17%、低税率13%。小规模纳税人适用征收率，具体如表1-4所示。

表1-4　增值税的税率

纳税人	税率	适用范围
一般纳税人	17%	销售或进口货物、提供应税劳务
		销售自己使用过的2009年1月1日以后购进或者自制的固定资产
		销售自己使用过的除固定资产以外的物品
	13%	粮食、食用植物油、鲜奶
		自来水、暖气、冷气、热水、煤气、石油液化气、天然气、沼气、居民用煤炭制品
		图书、报纸、杂志

（续表）

纳税人	税率	适用范围
一般纳税人	13%	饲料、化肥、农药、农机（农机零部件除外）、农膜
		金属矿采选产品、非金属矿采选产品
		农业产品
	零税率	纳税人出口货物
		税率为零不是简单地等同于免税
	4%征收率减半征收	2008年12月31日以前购进或者自制的固定资产（未抵扣进项税额）
小规模纳税人	3%	小规模纳税人
		销售自己使用过的除固定资产以外的物品
	4%或6%	一般纳税人采用简易办法
	2%	销售自己使用过的固定资产

1. 基本税率17%

增值税一般纳税人销售或者进口货物，提供加工、修理修配劳务，除适用低税率的应税商品和销售个别旧货适用征收率外，税率一律为17%。

2. 低税率13%

增值税一般纳税人销售或者进口下列货物，按低税率13%计征增值税。

3. 零税率

零税率的适用范围只限于出口货物，包括两类：一是报关出境货物，二是输往海关管理的保税工厂、保税仓库和保税区的货物。税率为零的含义是，这种商品虽然属于应税范围，但实际上并不负担任何税款。零税款不等同于免税。

4. 适用税率的特殊规定

由于纳税人的生产经营方式多种多样，因此，在确定适用税率时有以下规定：

纳税人兼营不同税率的货物或者应税劳务，应当分别核算不同税率货物或者应税劳务的销售额。未分别核算销售额的，从高适用17%税率。

5. 增值税征收率

小规模纳税人的增值税征收率为3%。

第二节　增值税的计算

一、一般纳税人应纳税额的计算

我国目前对一般纳税人采用的计税方法是国际上通行的购进扣税法，即按照当期销售额和适用税率计算出销项税额，然后对当期购进项目已经缴纳允许抵扣的税款进行扣除，从而间接计算出对当期增值税部分的应纳税额。基本计算公式为：

应纳税额＝当期销项税额－当期准予抵扣的进项税额

（一）销项税额

销项税额是指依据纳税人销售货物或提供应税劳务所取得的销售总额或提供劳务总收入和税收法律提前规定好的适用税率计算而得到的，并向购买方收取的增值税税额。其计算公式如下：

销项税额＝销售额×税率

或　　销项税额＝组成计税价格×税率

不同销售方式下，销售额的确定方式不同，具体如下：

1. 一般销售方式

增值税是价外税，通常情况下的“销售额”是指纳税人销售货物或提供应税劳务向购买方收取的全部价款和价外费用，但不包括收取的销项税额。

所谓的“价外费用”，是指纳税人销售货物取得货物货款以外的向购买方收取的手续费、补贴、基金、集资费、返还利润、奖励费、违约金（延期付款利息）、包装费、包装物租金、储备费、优质费、运输装卸费、代收款项、代垫款项及其他各种性质的价外收费。但下列几项不包括在内：

（1）向购买方收取的销项税额。

（2）受托加工应征消费税的消费品所代收代缴的消费税。

（3）同时符合以下条件的代垫运费：①承运者的运费发票开具给购货方的；②纳税人将该项发票转交给购货方的。

2. 折扣销售

折扣销售是指销货方在销售货物或应税劳务时，为促进销售或使得购买方多买货物而协议给予购买方的价格优惠。例如，商店卖苹果，5 斤以内（含 5 斤）的 3 元/斤，超过 5 斤的 2.5 元/斤。

税法规定，纳税人采取折扣方式销售货物，如果销售额和折扣额在同一张发票上分别注明的，可按折扣后的余额作为销售额计征增值税；如果将折扣额另开发票即销售额与折扣额不在同一张发票上列明的，无论纳税人财务上如何处理，均不得从销售额中减除折扣额。上述规定仅限于货物价格的折扣，如果销货方进行实物折扣（如买 5 赠 1），则实物款额不得从销售额中扣减，所赠实物款项应视同销售货物计征增值税。

折扣销售不同于销售折扣。销售折扣（财务会计称为“现金折扣”）是指销货方在销售货物或应税劳务之后，为尽早收回销售货款，而协议给予购货方的一种折扣优待，例如合同规定付款期为 30 天，销货方为尽早收回货款与购货方约定十天之内付款的可以少付总价款的 2%，在 20 天以内付款的可免除总价款的 1%，30 天以内的全额付款，通常的表示方法是 2/10，1/20，n/30。销售折扣属于融资性质的理财费用，其折扣额不得从销售额中减除。

折扣销售又不同于销售折让。销售折让是指货物销售后，由于品种、质量等原因购货方未要求退货，而销货方需给予购货方的一种价格折让。因为是由于货物的品种、质量等原因引起销售额的减少，税法规定，销售折让额允许在销售额中扣减。

3. 以旧换新

以旧换新销售，指纳税人在销售货物时，有偿收回旧货物的行为。税法规定，采取以旧换新方式销售货物，应按新货物的同期销售价格确定销售额，不得扣减旧货物的收购价格。销售新货与收购旧货是两个不同的经济业务，销售额与收购额不能相互抵减，以免销售额不真实，减少增值税的征收。但是，对金银首饰以旧换新业务，可按销售方实际收取的不含增值税的全部价款征收增值税。

4. 还本销售

还本销售是指纳税人在销售货物后，按照约定的时间，一次或分次将货款全部或部分退还给购货方，退还的货款即为还本支出。这种方式实际上是筹集资金，是以货物换取资金的使用价值，到期还本不付息的方法。税法规定，其销售额就是货物的销售价格，不得从销售额中减除还本支出。

5. 以物易物

以物易物销售货物是一种特殊的购销活动。是指购销双方不是一方用货物一方用货币进行结算，而是交易双方都采用货物进行结算，实现购销交易的一种方式。这里的“物”仅指应税货物。以物易物的双方都应作购销处理，以各自发出货物的货款作为计税依据计算销项税额，以各自收到的货物核算购货额并计算进项税额。

6. 出租出借包装物

包装物是指纳税人用来包装本单位货物的各种物品。

纳税人为销售货物而出租、出借包装物收取的押金，单独记账核算的，时间在1年以内的，不并入销售额征税。但对因逾期未收回包装物不再退还的押金，应按包装物所包装的货物适用的税率征税。“逾期”是指按合同约定实际逾期或以1年为限，对收取1年以上的押金，无论是否退还均应并入销售额征税。再将包装物押金并入销售额前，应先将包装物押金换算为不含税价款。对于个别包装物周转使用期限较长的，报经税务机关批准，可适当放宽逾期期限。

对销售除啤酒、黄酒外的其他酒类产品而收取的包装物押金，无论是否返还以及会计上如何核算，均应并入销售额征税。

7. 混合销售行为和兼营业务

（1）混合销售行为。

在现实生活中，有些销售行为同时涉及货物和非增值税应税劳务（属于营业税征税范围的劳务活动），即一项销售行为既涉及销售增值税应税货物又涉及非应税劳务的（即应征营业税的劳务），为混合销售行为。

《增值税暂行条例实施细则》规定，对于从事货物的生产、批发或零售的企业、企业性单位及个体工商户的混合销售行为，均视为销售货物，缴纳增值税；对于其他单位或个人的混合销售行为，视为销售非增值税应税劳务，不缴纳增值税；对以从事非增值税应税劳务为主，并兼营货物销售的单位和个人，其混合销售行为应视为销售非应税项目，不征收增值税，但其分支机构单独经营货物销售并单独核算，其发生的混合销售行为应征收增值税。

混合销售行为的销售额应是货物与非应税劳务销售额的合计，且该混合销售行为涉及的非应税劳务所用购进货物的进项税额，凡符合条例规定的，在计算该混合销售行为增值税时，准予从销项税额中抵扣。

（2）兼营销售行为。

兼营销售行为是指纳税人的经营范围既包括销售货物和应税劳务，又包括提供非应税项目，销售货物和应税劳务与非应税项目不发生在同一项销售行为中即不发生在同一购买者身上。

兼营销售行为销售额的确定方法如下：

①纳税人兼营非应税劳务，如果分别核算货物或应税劳务和非应税劳务的销售额，按各自适用的税率分别征收增值税和营业税。

②纳税人兼营非应税劳务，如果未分别核算或不能确定货物或应税劳务和非应税劳务的销售额，其非应税劳务销售额应与货物或应税劳务的销售额合并，一并征收增值税。兼营的非应税劳务所用购进货物的进项税额，凡符合条例规定的，准予从销项税额中抵扣。

③纳税人兼营减税、免税项目的，也应单独核算减税、免税项目的销售额；未单独核算的不得享受减税、免税待遇。

8. 视同销售

为了保证增值税税款抵扣制度的实施，避免造成货物销售环节税收负担不均衡、税款流失等，对一些货物的转移、使用行为或无偿转让行为，应视同正常销售行为，按规定计算销售额并征收增值税，以堵塞税收漏洞。

单位或个体工商户有下列行为的，视同销售货物，征收增值税：

（1）将货物交付其他单位或个人代销。

（2）销售代销货物。

（3）设有两个以上机构并实行统一核算的纳税人，将货物从一个机构移送至其他机构用于销售，但相关机构设在同一县（市）的除外。

（4）将自产或委托加工的货物用于非应税项目。

（5）将自产、委托加工或购买的货物作为投资，提供给其他单位或个体经营者。

（6）将自产、委托加工或购买的货物分配给股东或投资者。

（7）将自产、委托加工的货物用于集体福利或个体消费。

（8）将自产、委托加工或购买的货物无偿赠送他人。

对上述视同销售行为，均应按规定计算销售额并征收增值税，一方面是为了防止纳税人通过以上行为逃税，造成税款流失，另一方面则是避免重复征税。

（二）进项税额

进项税额是指纳税人购进货物或者接受应税劳务所支付或者负担的增值税税额。进项税额与销项税额是相互对应的，在购销业务开具增值税专用发票的情况下，对于销售方来说收回货款的同时，收取销项税额，对于购买方而言，支付货款的同时，支付进项税额，可以说销货方收取的销项税额就是购货方支付的进项税额。增值税的核心就是用纳税人销售应税货物或提供应税劳务而收取的销项税额抵扣其购进应税货物时支付的进项税额，其余额为纳税人实际缴纳的增值税税额。需要注意的是，并不是纳税人支付的所有进项税额都可以从销项税额中抵扣。

1. 准予从销项税额中抵扣的进项税额

（1）从销售方取得的增值税专用发票上注明的增值税额。

（2）从海关取得的海关进口增值税专用缴款书上注明的增值税额。

以上两项进项税额是按照规定税率计算出来的，所以在进行办理抵扣时必须保证取得的增值税专用发票和海关进口增值税专用缴款书的合法性，对于不符合规定的扣税凭证一律不准抵扣。

（3）纳税人购进农业生产者销售的免税农业产品或向小规模纳税人购买的农业产品，准予按农产品收购发票或销售发票上注明的买价和13%扣除率计算进项税额，即进行税额 = 买价 × 扣除率，从当期的销项税额中扣除。

（4）一般纳税人外购或销售货物（固定资产除外）以及在生产经营过程中所支付的运费（不含杂费和代垫运费），根据运费结算发票（普通发票）所列运费金额，按7%的扣除率计算进项税额准予扣除。

一般纳税人取得的国际货物运输代理业发票和国际货物运输发票，不得计算抵扣进项税额。国际货物代理运输业务是国际货运代理企业作为委托方和承运单位的中介人，受托办理国际货物运输和相关事宜并收取中介报酬的业务，所以，增值税一般纳税人支付的国际货物运输代理费用，不得作为运输费用抵扣进项税额。

一般纳税人取得的项目填写不齐全的运输发票（附有运输清单的汇总开具的运输发票除外）不得计算抵扣进项税额。

（5）生产企业一般纳税人购入废旧物资回收经营单位销售的免税废旧物资，可按废旧物资回收经营单位开具的由税务机关监制的普通发票上注明的金额，按10%的扣除率计算进项税额。必须是生产企业一般纳税人才可使用此政策。

（6）一般纳税人购置防伪税控系统专用设备和通用设备或税控收款机，可凭购货所取得的增值税专用发票所注明的税额从企业当期增值税销项税额中抵扣。

2. 不得从销项税额中抵扣的进项税额

（1）纳税人购进货物或应税劳务，取得的增值税扣税凭证（如，增值税专用发票、海关进口增值税专用缴款书、农产品收购发票或销售发票、运输费用结算凭证等）不合法，其进项税额不允许抵扣。

（2）一般纳税人会计核算不健全或不能够提供准确税务资料的。

（3）除另有规定外，纳税人销售额超过小规模纳税人标准，未申请办理一般纳税人认定手续的。

（4）用于非增值税应税项目、免税项目、集体福利或个人消费的购进货物或者应税劳务。

（5）非正常损失（因管理不善造成被盗、丢失、霉烂变质的损失）的购进货物及其相关的应税劳务。

（6）非正常损失的在产品、产成品所耗用的购进货物或者应税劳务。

（7）国务院财政、税务主管部门规定的纳税人自用消费品。

（8）符合上述（4）、（5）、（6）、（7）项规定的货物的运输费用和销售免税货物的运输费用。

（9）增值税一般纳税人采取邮寄方式销售、购买货物所支付的邮寄费，不允许计算进项税额抵扣。

（10）一般纳税人兼营免税项目或者非增值税应税劳务而无法划分不得抵扣的进项税额。

如果无法明确划分上述项目的进项税额，则按以下公式计算：

不得抵扣进项税额＝当月无法划分的全部进项税额×当月免税项目销售额与非增值税应税劳务营业额合计÷当月全部销售额、营业额合计

（三）进项税额不足抵扣与进项税额转出

1. 进项税额不足抵扣的处理

增值税实行当期购进扣税法，有时企业发生的经济业务比较多，可能导

致当期购进货物或接受应税劳务支付的增值税税额大于当期销售货物提供应税劳务收到的增值税税额，即当期进项税额大于当期销项税额，就出现了进项税额不足抵扣。当期进项税额不足抵扣的部分可结转下期继续抵扣。

2. 进项税额转出

一般纳税人购进货物或应税劳务，在当期已经抵扣了进项税额之后，改变了生产经营用途，用于税法所规定的不准予抵扣进项税额的事项（即用于非应税项目、用于免税项目、用于集体福利或者个人消费、发生非正常损失），需要进行进项税额转出处理。进项税额转出的方法是：将该项购进货物或应税劳务的进项税额从当期发生的进项税额中扣减，无法准确确定该项进项税额的，按当期实际成本计算应扣减的进项税额。

"从当其发生的进项税额中扣减"是指在现在发生期内纳税人的进项税额中扣减。

"按当期实际成本计算应扣减的进行税额"是说不是该项货物或应税劳务的价款，而是发生时的当期该项货物或应税劳务的"实际成本"。其计算公式为：

实际成本 = 进价 + 运费 + 保险费 + 其他有关费用

一般纳税人因销货退回或折让而退还给购买方的增值税税额，应从发生当期的销项税额中抵减；因进货退回或折让而收回的增值税税额，应从发生当期的进项税额中扣减。发生以上情况时，应按国家税务总局的规定开具红字增值税专用发票，未按照规定开具红字增值税专用发票的，不允许扣减。

（四）进项税额的抵扣期限

按照规定，自 2010 年 1 月 1 日起，增值税一般纳税人取得防伪税控系统开具的增值税专用发票抵扣进项税额时按以下规定处理：

（1）增值税一般纳税人申请抵扣的防伪税控系统开具的增值税专用发票，必须自该专用发票开具之日起 180 日内到税务机关认证，否则不予抵扣进项税额。

（2）增值税一般纳税人认证通过的防伪税控系统开具的增值税专用发票，应在认证通过的当月按照增值税有关规定核算当期进项税额并申报抵扣，否则不予抵扣。

【例1-1】 某纺织厂为增值税一般纳税人，适用的增值税税率为17%，2011年2月有关生产经营业务如下：

(1) 销售毛料给纺纱商城，开具增值税专用发票，取得不含税销售额110万元；另外，因销售毛料收取送货运输费4.5万元。

(2) 销售一批布料给甲服装加工厂，开具普通发票，取得含税销售额26.08万元。

(3) 将一批涤纶布料发给本厂职工，成本价为12万元，成本利润率为10%，该新产品无同类产品市场销售价格。

(4) 购进材料取得增值税专用发票：注明支付的货款80万元，进项税额13.6万元，货物验收入库；另外，支付购货的运输费用6万元，取得运输公司开具的普通发票。

(5) 向农业生产者收购免税棉花支付收购价25万元，支付给运输单位的运费2.5万元，杂费0.7万元，取得相关的合法票据，棉花验收入库。

该企业2011年2月应缴纳的增值税税额计算如下。

(1) 销售毛料的销项税额：

$110 \times 17\% + 4.5 \div (1 + 17\%) \times 17\% = 19.35$(万元)。

(2) 销售布料的销项税额：

$26.08 \div (1 + 17\%) \times 17\% = 3.79$(万元)。

(3) 发放涤纶布料的销项税额：

$12 \times (1 + 10\%) \times 17\% = 2.24$(万元)。

(4) 外购货物应抵扣的进项税额：

$13.6 + 6 \times 7\% = 14.02$(万元)。

(5) 外购免税农产品应抵扣的进项税额：

$25 \times 13\% + 2.5 \times 7\% = 3.43$(万元)；

销项税额 $= 19.35 + 3.79 + 2.24 = 25.38$(万元)；

进项税额 $= 14.02 + 3.43 = 17.45$(万元)；

应纳增值税额：$25.38 - 17.45 = 7.93$(万元)。

二、小规模纳税人应纳税额的计算

(一) 小规模纳税人核算的特点

小规模纳税人销售货物或者提供应税劳务，只能开具普通发票，不能开具增值税专用发票，但凡能够认真履行纳税义务的小规模企业，经县（市）税务局批准，可由税务所代开增值税专用发票。

小规模纳税人销售货物或提供应税劳务，实行按照销售额和征收率计算应纳税额的简易办法。其计算公式如下：

应纳税额＝销售额×征收率

一般情况下小规模纳税人在销售货物或提供应税劳务时，只能开具普通发票，所以取得的销售收入均为含税销售额。小规模纳税人的销售额不包括其应纳税额，为符合增值税作为价外税的要求，采用销售额和应纳税额合并定价方法的，将含税销售额换算为不含税销售额，其换算公式为：

不含税销售额＝含税销售额÷（1＋征收率）

（二）小规模纳税人的会计处理

小规模纳税人购入货物无论是否具有增值税专用发票，其支付的增值税额均不单独计入进项税额，不得从应纳税额中扣减，而应计入购货成本；销售收入按不含税价格计算；设置“应交税费——应交增值税”账户核算，不需要在“应交增值税”账户中设置专栏。

【例1-2】 某超市为小规模纳税企业，2011年3月购进商品一批，价款6 000元（不含增值税），增值税额1 020元，本期销售商品8 500元（含增值税），假设按实际成本核算。

某超市2011年3月上述涉税业务的会计处理如下。

（1）购进商品时：

借：库存商品　　7 020

　　贷：银行存款　　7 020

（2）销售商品时：

应交增值税＝8 500÷（1＋3%）×3%＝247.57（元）。

借：银行存款　　8 747.57

　　贷：主营业务收入　　8 500

　　　　应交税费——应交增值税　　247.57

（3）下月初交纳税金时：

借：应交税费——应交增值税　　247.57

　　贷：银行存款　　247.57

三、进口货物应纳税额的计算

纳税人进口货物，按照组成计税价格和《增值税暂行条例》规定的适用税率计算应纳税额，不得抵扣任何税额。

“组成计税价格”是指在没有实际销售价格时，按照税法规定计算出作为计税依据的价格。组成计税价格和应纳税额的计算公式如下：

组成计税价格 = 关税完税价格 + 关税 + 消费税

应纳税额 = 组成计税价格 × 税率

其中，一般贸易下的进口货物以海关审定的成交价格为基础的到岸价作为关税的完税价格。

进口货物的增值税由海关代征，并负责向进口人开具进口增值税完税凭证。

【例1-3】 某进出口公司进口消费税应税货物一批，到岸价格为65万元，该货物关税税率为20%，消费税税率为10%，增值税税率为17%，则该公司该批进口货物应支付的增值税计算如下：

应支付的增值税 = 65 × (1 + 20%) ÷ (1 − 10%) × 17% = 14.73(万元)。

第三节 增值税的会计处理

一、一般纳税人的账务处理

一般纳税人应交增值税，应在“应交税费”账户下设置“应交增值税”和“未交增值税”两个明细账户进行核算。

“应交税费——应交增值税”账户，借方登记企业购进货物或接受应税劳务所支付的进项税额、实际已缴纳的增值税额、月终转出的当月应缴未缴的增值税额；贷方登记企业销售货物或提供应税劳务应收取的销项税额、出口企业收到的出口退税、进项税额转出数、转出多缴增值税；期末借方余额，反映企业尚未抵扣的增值税，期末不会出现贷方余额。

为了详细核算企业应交增值税的计算、抵扣、解缴等情况，企业应在“应交增值税”明细账户下设置“进项税额”、“已交税金”、“转出未交增值税”、“减免税款”、“销项税额”、“出口退税”、“进项税额转出”、“出口抵减内销产品应纳税额”、“转出多交增值税”等专栏。多栏式账簿格式如表1-5所示。

表1-5　应交税费——应交增值税

（略）	借方						贷方					借或贷	余额
	合计	进项税额	已交税金	减免税款	转出未交增值税	出口抵减内销产品应纳税额	合计	销项税额	出口退税	进项税额转出	转出多交增值税		

上述多栏式账簿具体栏目的填列内容如下：

（1）“进项税额”栏，登记企业购进货物或接受应税劳务而支付的、按规定准予从销项税额中抵扣的增值税额。若发生购货退回或折让，应冲销的增值税额用红字登记。

（2）“已交税金”栏，登记纳税人当月已缴纳的增值税额。退回多交的增值税用红字登记。

（3）“减免税款”栏，登记企业经营按国家税收法律法规规定的特殊项目等享受直接减免的增值税款。

（4）“转出未交增值税”栏，登记企业月终转出当月发生的应交未交增值税即企业月终已经计算出本月应缴纳的增值税额但尚未向税务机关进行缴纳的部分。

（5）“出口抵减内销产品应纳税额”栏，登记企业按规定的退税率计算的出口货物的进项税额抵减内销产品的应纳税额。

（6）“销项税额”栏，登记企业销售货物或提供应税劳务应收取的增值税额。若发生销货退回或折让，应冲销的销项税额用红字登记。

（7）“出口退税”栏，登记企业出口适用零税率的货物向海关办理报关出口手续后，凭出口报关单等有关单证，向主管出口退税的税务机关申报办理出口退税而收到的退税款，即因生产出口商品而购进货物所发生的进项税额。退回的增值税用蓝字登记；出口货物办理退税后发生退货或退关而补交已退增值税，用红字登记。

（8）“进项税额转出”栏，登记企业购进货物、在产品、产成品等发生非正常损失或企业已经抵扣的进项税额之后，改变生产经营用途时，按规定应予转出的进项税额；发生冲销已转出的进项税额，用红字登记。在出口退税中，登记不予抵扣或退税的税额；不予抵扣或退税税额的抵减额，用红字登记。

（9）“转出多交增值税”栏，登记企业月末转出当月多交的增值税即企业所缴纳的税款数额超过税务部门规定应缴纳的税款部分。

期末余额若为借方，反映企业尚未抵扣的增值税。

“应交税费——未交增值税”账户，核算月末从“应交税费——应交增值税”明细账户结转的本期未交或多交的增值税。贷方登记月末转入的当月发生的应交未交的增值税税额，借方登记上缴上月应交未交的增值税额和月末转入的当月多交的增值税，借方余额表示企业多交的增值税，贷方余额表示企业未交的增值税。账簿格式为三栏式，如表1-6所示。

表1-6　应交税费——未交增值税

年		凭证字号	摘要	借方	贷方	借或贷	余额
月	日						

（一）进项税额的账务处理

1. 企业在国内采购货物

企业在国内发生采购货物经济业务时，按照增值税专用发票上注明的增值税税额，借记“应交税费——应交增值税（进项税额）”科目；按照专用发票上记载的采购成本的金额，借记“材料采购”、“原材料”、“制造费用”、“管理费用”、“销售费用”、“其他业务成本”等科目；按照应付或实际支付的金额，贷记“应付账款”、“应付票据”、“银行存款”等科目。购入货物发生的退货，作相反的会计分录。

【例 1-4】 某国有商品流通企业采购商品一批，取得的增值税专用发票上注明的商品进价为 60 000 元，增值税为 10 200 元。供应单位代垫运杂费 800 元（企业购进货物发生的运杂费金额大的计入采购成本，金额小的可以计入当期损益。此外运杂费按 7% 征收增值税）。双方商定用商业承兑汇票结算方式支付货款及其他款项，企业已开具付款期限为 3 个月的商业承兑汇票一张并交付给供应单位，商品未运达企业。

其会计处理如下：

借：材料采购　60 000
　　销售费用　744
　　应交税费——应交增值税（进项税额）　10 256
　　贷：应付票据　71 000

2. 企业接受应税劳务

企业接受应税劳务，按照增值税专用发票上注明的增值税税额，借记“应交税费——应交增值税（进项税额）”科目；按照专用发票上记载的应计入加工、修理修配等货物成本的金额，借记“其他业务成本”、“制造费用”、“委托加工物资”、“销售费用”、“管理费用”等科目；按照应付或实际支付的金额，贷记“应付账款”、“银行存款”等科目。

【例 1-5】 甲工厂委托乙木器厂加工包装产品用的木箱，发出板材的实际成本为 15 000 元，用银行存款支付加工费 4 500 元和增值税税额 765 元，取得增值税专用发票。另支付往返运费 850 元，其中运费发票金额为 800 元，装卸费为 50 元（发生的装卸费不征收增值税）。

其相关会计处理如下。

（1）委托加工发出材料时：

借：委托加工物资　15 000
　　贷：原材料——板材　15 000

（2）支付加工费时：

借：委托加工物资　4 500
　　应交税费——应交增值税（进项税额）　765
　　贷：银行存款　5 265

（3）支付往返运杂费时：

借：委托加工物资　794

　应交税费——应交增值税（进项税额）　56

　贷：银行存款　850

（4）结转加工木箱成本时：

借：包装物——木箱　20 294

　贷：委托加工物资　20 294

3. 企业进口货物

企业进口货物，按照海关提供的完税凭证上注明的增值税税额，借记“应交税费——应交增值税（进项税额）”科目；按照进口货物应计入采购成本的金额，借记“材料采购”、“原材料”等科目；按照应付或实际支付的金额，贷记“应付账款”、“银行存款”等科目。

【例1-6】 A服装厂是增值税一般纳税人，从国外进口一批布料并已验收入库，海关完税凭证上注明的完税价款为100 000元，其关税税率为10%。该厂原材料成本的核算采用实际成本法。

该批商品进口时应缴纳关税 = 100 000 × 10% = 10 000（元）；

该批商品进口时应缴纳增值税 = (100 000 + 10 000) × 17% = 18 700(元)。

借：原材料　110 000

　应交税费——应交增值税（进项税额）　18 700

　贷：银行存款　128 700

4. 购进免税农产品

企业购进免税农产品，按购入农产品的买价和规定的扣除率（13%）计算进项税额，借记“应交税费—应交增值税（进项税额）”科目；按买价扣除按规定计算的进项税额后的数额，借记“库存商品”、“原材料”等科目；按应付或实际支付的价款，贷记“应付账款”、“银行存款”等科目。

【例1-7】 A公司某月向农业生产者购买免税农产品一批，买价45 000元，产品已验收入库，货款尚未支付。

其会计处理如下：

借：库存商品　39 150
　　应交税费——应交增值税（进项税额）　5 850
　　贷：应付账款　45 000

5. 购入废旧物资

生产企业回收经营单位销售的免税废旧物资，可按由税务机关监制的普通发票上注明的金额，按10%计算进项税额，借记“应交税费—应交增值税（进项税额）”科目；按买价扣除按规定计算的进项税额后的数额，借记“材料采购”、“原材料”等科目；按应付或实际支付的价款，贷记“应付账款”、“银行存款”等科目。

【例1-8】 丙工厂（增值税一般纳税人）某月从乙废旧物资回收站购入废旧物资作为生产用原材料，所购废旧物资已经入库，款项已通过银行存款支付，取得的普通发票上注明的购入金额为15 000元。

其会计处理如下：

借：原材料　13 500
　　应交税费——应交增值税（进项税额）　1 500
　　贷：银行存款　15 000

6. 支付运输费用

企业外购货物（固定资产除外）所支付的运输费用，以及销售货物所支付的运输费用（同时符合两个条件的代垫运费除外），根据运费结算单据所列运费金额和规定的扣除率7%计算的进项税额，借记“应交税费—应交增值税（进项税额）”科目；运费金额扣除按规定计算的进项税额后的数额计入所购货物的成本或相关费用，借记“原材料”、“销售费用”等科目；按应付或实际支付的运费，贷记“应付账款”、“银行存款”等科目。

【例1-9】 某工业企业某月购进C材料3 000公斤，5元/公斤，代垫运杂费1 500元（其中运输发票上列明的运费为1 200元），增值税进项税额为2 550元，已开出银行承兑汇票，材料验收入库。

其会计处理如下：

借：原材料——C 材料　　16 416
　　应交税费——应交增值税（进项税额）　　2 634
　　贷：银行存款　　19 050

7. 接受捐赠物资

企业接受捐赠转入的货物，按照增值税专用发票上注明的增值税税额，借记“应交税费——应交增值税（进项税额）”科目；按照确认捐赠货物的价值（已扣增值税），借记“原材料”等科目；按照增值税税额与货物价值的合计数计算所得税，贷记“递延所得税负债”科目，差额记入“营业外收入”科目。

【例 1-10】 A 公司接受 B 公司捐赠的 C 材料一批，增值税发票上注明的价款为为 50 000 元，税款为 8 500 元，材料已验收入库。假设企业所得税税率为 25%。编制会计分录如下：

借：原材料　　50 000
　　应交税费——应交增值税（进项税额）　　8 500
　　贷：递延所得税负债　　（50 000×25%）12 500
　　　　营业外收入　　46 000

8. 企业接受投资转入的货物

企业接受投资转入的货物，按照增值税专用发票上注明的增值税税额，借记“应交税费——应交增值税（进项税额）”科目；按照确认的投资货物价值（已扣增值税），借记“原材料”等科目；按照增值税与货物价值的合计数，贷记“实收资本”等科目。

【例 1-11】 甲企业用购入的原材料对丙企业进行投资，原材料账面实际成本为 1 200 000 元，增值税税率为 17%，评估确认价值和计税价值均为 1 500 000元，企业所得税税率为 25%。假定丙企业对原材料按计划成本进行日常核算，该批原材料的计划成本为 1 300 000 元，已收到投资方的原材料和增值税专用发票。

其会计处理如下：

借：原材料　　1 300 000
　　材料成本差异　　(1 500 000 − 1 300 000)　200 000
　　应交税费——应交增值税（进项税额）　　255 000
　　贷：实收资本　　1 755 000

若丙企业不能取得增值税专用发票，这部分增值税税额不能作为进项税抵扣，应记入“材料成本差异”账户。具体会计处理为：

借：原材料　　1 300 000
　　材料成本差异　　(200 000 + 255 000)　455 000
　　贷：实收资本　　1 755 000

9. 企业购入货物及接受应税劳务直接用于非应税项目

企业购入货物及接受应税劳务直接用于非应税项目，或直接用于免税项目以及直接用于集体福利和个人消费的，其专用发票上注明的增值税税额直接计入购入货物或接受劳务的成本。

【例 1-12】　乙企业某月购入钢材一批直接用于本单位的基建工程，取得的增值税专用发票上注明价款 150 000 元，税额 25 500 元，款项已通过银行存款支付，材料已验收入库。

其会计处理如下：

借：在建工程　　175 500
　　贷：银行存款　　175 500

10. 企业购入固定资产

企业购入固定资产，其专用发票上注明的增值税税额应与固定资产的价款一并借记“固定资产”科目，按应付或实际支付的款项，贷记“应付账款”、“银行存款”等科目。

【例 1-13】　某国有企业购入不需要安装的新设备一台，取得的专用发票上注明价款为 50 000 元，增值税税额为 8 500 元，款项已用银行存款支付。

其会计处理如下：

借：固定资产　　58 500
　　贷：银行存款　　58 500

（二）“进项税额转出”的账务处理

企业为生产和销售所需购进的货物、在产品、产成品发生非正常损失（因管理不善造成被盗、丢失、霉烂变质的损失），或者后来由于改变用途，用于免税项目、非应税项目、集体福利和个人消费时，由于这些货物在购进时将支付的增值税已经记入“进项税额”，所以，在改变用途后，应将其分担的增值税从“进项税额”中转出。

如果企业发生上述情况，其相应的进项税额应转入有关科目，借记“待处理财产损溢”、“在建工程”、“制造费用”、“应付职工薪酬”等科目；贷记“应交税费——应交增值税（进项税额转出）”科目。属于转作待处理财产损失的部分，应与遭受非正常损失的购进货物、在产品、产成品成本一并处理。

【例1-14】 某企业购进的一批原材料发生了非正常损失20 000元，经查实其中有12 000元材料是因自然灾害造成的损失，有5 000元材料发生了霉烂变质，有3 000元材料因管理人员失职造成丢失。该批材料在购进时增值税专用发票上注明的进项税额为3 400元。

其会计处理如下。

（1）企业材料发生非正常损失时：

借：待处理财产损溢——待处理流动资产损溢　23 400

　贷：原材料　20 000

　　应交税费——应交增值税（进项税额转出）　3 400

（2）经批准转销时：

借：营业外支出——非正常损失　14 040

　管理费用　5 850

　其他应收款——保管员　3 510

　贷：待处理财产损溢——待处理流动资产损溢　23 400

【例1-15】 某木器厂将原购入生产木箱用的板材60立方米，用于自建仓库工程。该批板材成本为每立方米3 500元，适用增值税税率17%。

其相关计算及会计处理如下：

不得抵扣的进项税额＝3 500×60×17%＝35 700（元）。

借：在建工程　　245 700
　　贷：原材料——板材　　210 000
　　　　应交税费——应交增值税（进项税额转出）　　35 700

（三）销项税额的账务处理

企业发生销售商品或提供应税劳务经济业务，计算应缴纳增值税时应设置“应交税费——应交增值税（销项税额）”账户。该账户记录企业销售货物或提供应税劳务应收取的销项税额，用蓝字登记；退回销售货物时应冲减销项税额，用红字登记。

1. 一般销售行为

（1）直接收款销售。

直接收款销售是指企业销售商品时直接收取销售商品所得款项，应根据销售结算凭证和银行存款进账单，以及增值税专用发票上所列税额或按普通发票上所列货款换算的增值税税额进行会计处理。

【例 1-16】　A 家具厂销售给 B 家具城沙发 250 套，不含税售价3 000 元/套，单位成本为 2 500 元，B 家具城以支票付款 750 000 元、税额127 500元。A 家具厂将提货单交给 B 家具城，并收到银行存款进账回单。

其会计处理如下：

借：银行存款　　877 500
　　贷：主营业务收入　　750 000
　　　　应交税费——应交增值税（销项税额）　　127 500
借：主营业务成本　　625 000
　　贷：库存商品——沙发　　625 000

（2）分期收款销售。

企业采用赊销和分期收款方式销售产品时，应按合同约定收款日期开具增值税专用发票。

【例 1-17】　甲公司采用分期收款方式销售 B 产品 300 件给乙公司，不含税售价 750 元/件，成本 450 元/件。合同规定，乙公司先支付货款总额的 20% 及相对应的税金作为定金，余款在 10 个月内分两次付清。

其相关会计处理如下。

(1) 发出商品时：

借：发出商品　　135 000

　　贷：库存商品——B 产品　　135 000

(2) 收到定金及税款时：

借：银行存款　　52 650

　　贷：主营业务收入　　45 000

　　　　应交税费——应交增值税（销项税额）　　7 650

同时，按比例（135 000×20% =27 000（元））结转成本。

借：主营业务成本　　27 000

　　贷：发出商品　　27 000

(3) 以后每期按合同约定日期确认收入 90 000 元，会计处理如下：

借：银行存款　　105 300

　　贷：主营业务收入　　90 000

　　　　应交税费——应交增值税（销项税额）　　15 300

借：主营业务成本　　54 000

　　贷：发出商品　　54 000

(3) 预收货款销售。

在企业采用预收货款销售货物或提供应税劳务的情况下，企业收到预收货款时，不作销售处理。货物发出的当天确认为销售，计算销项税额。

【例 1-18】 2011 年 1 月 12 日甲机床厂收到乙公司预购 A 型机床 100 台的货款 857 000 元。2 月 10 日发出货物，开出增值税专用发票，售价 16 000元/台，余款 2 月 20 日收到。

其会计处理如下。

(1) 1 月 12 日收到预收款时：

借：银行存款　　857 000

　　贷：预收账款——乙公司　　857 000

(2) 2 月 10 日发出货物时：

借：预收账款　　1 872 000

贷：主营业务收入　　1 600 000

　　应交税费——应交增值税（销项税额）　　272 000

（3）2月20日收到余款时：

借：银行存款　　1 015 000

　贷：预收账款　　1 015 000

2. 特殊销售行为的会计处理

（1）以物易物。

企业采取以物易物（交易双方不采用货币和货物进行交易，而是都采用货物进行交易）方式销售时，交易双方都要作购销处理，以各自发出的货物核定销售额并计算销项税额，以各自收到的货物核算购货额，并依据双方开具的增值税专用发票抵扣进项税额。

【例1-19】 A服装厂用西服350件（成本26 000元，不含税售价45 000元），从B纺织公司换2 000米布料，价款45 000元，双方都开具增值税专用发票。

A服装厂的会计处理如下。

（1）发出西服并收到布料时：

借：原材料　　45 000

　　应交税费——应交增值税（进项税额）　　7 650

　贷：主营业务收入　　45 000

　　　应交税费——应交增值税（销项税额）　　7 650

（2）结转销售成本时：

借：主营业务成本　　26 000

　贷：库存商品　　26 000

注：在进行会计处理时，只有得到对方开具的增值税专用发票，才能据以借记“进项税额”，而不能仅据“材料入库单”自行估算进项税额；对发出的产品必须按售价贷记“主营业务收入”账户，而不能直接冲减“库存商品”账户，漏记收入。

（2）以旧换新。

企业采取以旧换新销售方式时，销售企业必须以新货物的同期正常销售价格确定计税销售额（金银首饰可以按实际收取的不含税价款作为计税销售额），同时不得扣减旧货物的回收价，即销售货物与回收货物是两个不同经济业务，应分别核算，而不应直接在销售额中扣减购进额，以免减少增值税的征收。

【例1-20】 某电器有限公司在促销月活动中，推出以旧换新销售冰箱业务，本月共销售冰箱600台，每台冰箱正常对外销售含税价为4 680元，单位成本3 500元，采取以旧换新方式回收一台旧冰箱抵付货款800元，每台冰箱实收价款3 880元。

其相关会计处理如下。

（1）按新货价格销售时：

借：银行存款	2 328 000	
原材料——旧冰箱	480 000	
贷：主营业务收入		2 400 000
应交税费——应交增值税（销项税额）		408 000

（2）同时，结转成本：

借：主营业务成本	2 100 000	
贷：库存商品——冰箱		2 100 000

（3）还本销售。

企业采取还本销售方式时，应按正常销售价格记入“主营业务收入”账户，按约定实际支付的还本金额，记入“销售费用”账户。

【例1-21】 某手机广场为促销采用还本方式销售手机。本月销售新型手机150部，不含税单价1 800元。又支付前期销售现已到期的还本款项25 000元。

其相关会计处理如下。

（1）销售手机时：

借：银行存款	315 900	
贷：主营业务收入		270 000

应交税费——应交增值税（销项税额） 45 900

（2）支付还本款时：

借：销售费用 25 000

贷：银行存款 25 000

（4）混合销售。

按增值税暂行条例的规定，从事货物生产、批发、零售的企业及以从事货物生产、批发、零售为主（年货物销售额与非增值税应税劳务营业额的合计数中，年货物销售额超过50%，非增值税应税劳务营业额不到50%的），并兼营非应税劳务的企业，当发生一项既涉及货物销售又涉及提供非应交增值税的劳务（如交通运输，建筑安装、文化娱乐等）的混合销售行为时，征收增值税，且该混合销售中的非应税劳务的销售额为含税销售额。其他单位的混合销售行为，视为销售非应税劳务，不缴增值税。从事运输业务的单位和个人，发生销售货物并负责运输所售货物的混合销售行为，征收增值税。

【例1-22】 安全防盗门公司销售防盗门给某建筑商60套，单位售价为1 521元（含税），并收取运输及安装费81.9元/个。

（1）其相关计算如下：

盗门不含税售价 = 1 521 ÷ (1 + 17%) × 60 = 78 000(元)；

销项税额 = 78 000 × 17% = 13 260(元)；

非应税劳务不含税售价 = 81.9 ÷ (1 + 17%) × 60 = 4 200(元)；

销项税额 = 4 200 × 17% = 714(元)；

混合销售行为增值税销项税额 = 13 260 + 714 = 13 974(元)。

（2）其会计处理如下：

借：银行存款 96 174

贷：主营业务收入 78 000

其他业务收入 4 200

应交税费——应交增值税（销项税额） 13 974

（5）兼营非应税劳务。

按增值税暂行条例的规定，纳税人的兼营非应税劳务的销售行为应分别核算货物或应税劳务和兼营非应税劳务的销售额与营业额，对货物或应税劳务的销售额按各自的适用税率征收增值税；对非应税劳务按适用税率征收营业税。如果不能分别核算或不能准确核算销售额与营业额的，非应税劳务一并征收增值税。该非应税劳务的销售额为含税销售额，其所购进货物的进项税额，凡符合规定的准予从销项税额中抵扣。

【例1-23】 甲建筑材料公司本月销售装饰材料，开出增值税专用发票，价款120 000元，税款20 400元。承揽一项家庭的装饰工程，收取工程款45 000元，款项存入银行。

(1) 第一种情况：如果甲建筑材料公司能分别核算销售额与营业额。

其相关会计处理如下：

营业税 =45 000 ×3% =1 350（元）。

借：银行存款　　185 400

　　贷：主营业务收入　　120 000

　　　　其他业务收入　　45 000

　　　　应交税费——应交增值税（销项税额）　　20 400

借：其他业务成本　　1 350

　　贷：应交税费——应交营业税　　1 350

(2) 第二种情况：如果甲建筑材料公司不能分别核算销售额与营业额。

其相关会计处理如下：

非应税劳务销售额 =45 000 ÷ (1 +17%) =38 461. 54(元)；

销项税额 =38 461. 54 ×17% =6 538. 46(元)。

借：银行存款　　185 400

　　贷：主营业务收入　　158 461. 54

　　　　应交税费——应交增值税（销项税额）　　26 938. 46

3. 视同销售的会计处理

(1) 将货物交给他人代销与销售代销货物。

第一情形：代销商品视同买断。

视同买断方式代销商品，是指委托方和受托方签订合同或协议，委托方按合同或协议收取代销的货款，实际售价由受托方自定，实际售价与合同或协议之间的差额归受托方所有。如果委托方与受托方在合同或协议中约定，受托方接受了货物并将约定的销售款项交给了委托方且货物在以后是否能销售出去均与委托方无关，则此种情况相当于委托方将货物卖给了受托方，所以委托方在收到货款时应确认销售收入，受托方做购进货物处理。如果委托方和受托方之间的协议明确标明，将来受托方没有将商品售出时可以将商品退回给委托方，或受托方因代销商品出现亏损时可以要求委托方补偿，那么，委托方在交付商品时不确认收入，受托方也不作购进商品处理，受托方将商品销售后，按实际售价确认销售收入，并向委托方开具代销清单，委托方收到代销清单时，再确认本企业的销售收入。

【例1-24】 L服饰有限公司委托M代理商销售乙服装2 000件，协议价为250元/件，该商品成本为150元/件，增值税税率17%。L公司收到M代理商开来的代销清单时开具增值税发票，发票上注明的价款为500 000元，增值税85 000元。M代理商实际销售时开具的增值税发票上注明：售价540 000元，增值税税额91 800元，则相应的账务处理如下。

L公司的会计处理如下。

（1）公司将乙服装交付给M代理商时：

借：委托代销商品　　300 000
　　贷：库存商品　　300 000

（2）公司收到代销清单时：

借：应收账款——M　　585 000
　　贷：主营业务收入　　500 000
　　　　应交税费——应交增值税增（销项税额）　　85 000

借：主营业务成本　　300 000
　　贷：委托代销商品　　300 000

（3）收到M代理商汇来的款项：

借：银行存款　　585 000
　　贷：应收账款——M　　585 000

M代理商的会计处理如下。

（1）收到乙服装时：

借：受托代销商品　　500 000
　　贷：代销商品款　　500 000

（2）实际销售代销商品时：

借：银行存款　　631 800
　　贷：主营业务收入　　540 000

应交税费——应交增值税（销项税额）　　918 00

借：主营业务成本　　500 000

贷：受托代销商品　　500 000

（3）收到L公司开来的增值税专用发票时：

借：代销商品款　　500 000

应交税费——应交增值税（进项税额）　　85 000

贷：应付账款——L公司　　585 000

（4）合同协议价将款项付给新世纪公司时：

借：应付账款——L公司　　585 000

贷：银行存款　　585 000

第二种情形：代销商品收取手续费。

在收取手续费代销方式下，委托方在发出商品时通常不应确认销售商品收入，而应在收到受托方开出的代销清单时确认销售商品收入；受托方应在商品销售后，按合同或协议约定的方法计算确定的手续费，确认收入。

【例1-25】　如果是第二种情形，例1-24中的M代理商按每件200元的价格将乙服装出售给顾客，L公司按售价的10%支付M代理商手续费。

L公司的会计处理如下。

（1）将乙服装交付给M代理商时：

借：委托代销商品　　300 000

贷：库存商品　　300 000

（2）收到代销清单时：

借：应收账款——M　　535 000

销售费用　　50 000

贷：主营业务收入　　500 000

应交税费——应交增值税（销项税额）　　85 000

借：主营业务成本　　30 000

贷：委托代销商品　　30 000

（3）收到M代理商汇来的相关款项时：

借：银行存款　　535 000

贷：应收账款——M 535 000

M 代理商的会计处理如下。

(1) 收到乙服装时：

借：受托代销商品 30 000

贷：代销商品款 30 000

(2) 实际销售乙服装时：

借：银行存款 585 000

贷：应付账款——L 500 000

应交税费——应交增值税（销项税额） 85 000

借：代销商品款 300 000

贷：受托代销商品 300 000

(3) 收到 L 公司开具的增值税专用发票时：

借：应交税费——增交增值税（进项税额） 85 000

贷：应付账款——L 85 000

(4) 支付给 L 公司相关款项并收取手续费时：

借：应付账款——L 585 000

贷：银行存款 535 000

其他业务收入 50 000

(2) 将自产或委托加工的货物用于非应税项目。

企业将自产或委托加工的货物用于非应税项目不属销售业务，但税法规定视同销售货物，按公允价值计算应交增值税。若购进货物时能明确是用于非应税项目，则不属于增值税纳税范围，不视同销售。

【例 1-26】 某水泥厂发出水泥 150 吨，成本 1 200 000 元，委托甲构件厂加工成预制构件，支付加工费 150 000 元，预制构件收回后直接用于本厂基建工程，该批预制板市场售价 1 600 000 元。

其相关会计处理如下。

(1) 发出水泥时：

借：委托加工物资 1 200 000

贷：库存商品——水泥 1 200 000

(2) 支付加工费时：

借：委托加工物资　150 000

　应交税费——应交增值税（进项税额）　25 500

　贷：银行存款　175 500

(3) 预制构件收回结转委托加工成本时：

借：原材料——预制构件　1 350 000

　贷：委托加工物资　1 350 000

(4) 领用预制构件时：

借：在建工程　1 579 500

　贷：原材料——预制构件　1 350 000

　　应交税费——应交增值税（销项税额）　229 500

(3) 将自产、委托加工或购买的货物用于集体福利、个人消费。

企业将自产、委托加工的货物用于集体福利、个人消费，应视同销售货物按市场销售的公允价值计算缴纳增值税。若购进货物直接用于集体福利、个人消费，购进时的进项税额不允许抵扣，因购入的货物已成为消费品进入最终消费领域，因此，不作视同销售处理。

【例1-27】 某电器公司将本公司生产的空调25台作为实物奖励发放给优秀员工，生产成本4 200元/台，市场不含税售价7 400元/台。

其会计处理如下。

(1) 将空调发放给被奖励的职工时：

借：应付职工薪酬——职工奖励　216 450

　贷：主营业务收入　185 000

　　应交税费——应交增值税（销项税额）　31 450

(2) 同时，结转成本：

借：主营业务成本　105 000

　贷：库存商品——空调　105 000

(4) 将自产、委托加工或购买的货物作为投资。

企业进行货物投资并非销售业务，但根据会计准则的规定，如果能够确认存货与取得投资的公允价值，则应按公允价值确认销售收入，同时结转销售成本。根据税法规定，应税货物作为投资提供给其他单位或个体经营者，应视同销售按市场公允价值计算增值税。

【例1-28】 某钢铁公司本月用自产的钢材一批对外投资，账面成本450 000元，投资含税公允价值为936 000元，取得投资公允价值为936 000元，按成本法核算。

其会计处理如下。

不含税价款＝936 000÷（1＋17%）＝800 000（元）。

（1）将自产钢材用于对外投资时：

	借方	贷方
借：长期股权投资	936 000	
贷：主营业务收入		800 000
应交税费——应交增值税（销项税额）		136 000

（2）同时，结转成本：

	借方	贷方
借：主营业务成本	450 000	
贷：库存商品——钢材		450 000

（5）将自产、委托加工或购买的货物分配给股东或投资者。

将自产、委托加工或购买的货物分配给股东或投资者这是一种实质的销售业务，属两个不同会计主体之间的业务，此行为没有直接的现金流入或流出，而是直接以货物流出的形式存在，与将货物出售后取得货币资产，然后再分配利润给股东，并无实质区别，体现的是企业内部与外部的关系。企业将货物分配给股东或投资者，一方面使货物的所有权发生转移；另一方面使企业的负债减少，所有者权益增加，因此，应按一般销售业务处理。

【例1-29】 某公司是一般纳税人，现因资金相对紧张，改用公司自产的1 000件服装发放股利。每件服装的成本为50元，不含税售价为100元。

其会计处理如下。

（1）发放股利时：

	借方	贷方
借：应付股利	117 000	
贷：主营业务收入		100 000
应交税费——应交增值税（销项税额）		11 700

（2）同时，结转成本：

	借方	贷方
借：主营业务成本	50 000	
贷：库存商品		50 000

（6）将自产、委托加工或购买的货物无偿赠送他人。

企业将自产、委托加工或购买的货物无偿赠送他人的行为不属销售活动，尽管发生货物所有权的转移，但企业并未获得实际的经济利益，因此，不通过收入类科目核算。为避免企业之间相互赠送以货物等减少增值税的缴纳而损害国家利益，税法规定，捐赠行为视同销售货物计算缴纳增值税。

【例 1-30】 甲公司向灾区捐赠账面成本为 450 000 元的应急药品，该批药品市场不含税售价为 850 000 元，适用增值税税率为 17%。

其会计处理如下：

借：营业外支出　　994 500
　　贷：库存商品　　850 000
　　　　应交税费——应交增值税（销项税额）　　144 500

4. 销货退回、折让、折扣的会计处理

销售方在销售商品过程中发生因品种、规格、质量等不符合购货方要求而退货或要求折让等行为时，无论是当月还是以前月份发生的销售退货与折让，均应冲减当月的主营业务收入，在收到购货单位退回的增值税专用发票或寄来的“进货退出或索取折让证明单”后，分成不同情况进行账务处理。

（1）销货退回。

企业发生销货退回并收到购货方退回的增值税专用发票的发票联和抵扣联时，如果该项销售退回业务属于当月销售，且尚未登账，应在退回的发票联、抵扣联及本企业保存的存根联和记账联上注明“作废”字样，并作废已做的记账凭证；如果该项销售退回业务属于以前月份的销售，应在退回的发票联、抵扣联上注明“作废”字样，以此作为冲销当期的主营业务收入和销项税额的凭证。

【例 1-31】 A 纺织厂上月 15 日销售给 B 服装公司的产品发生全部退货，已收到对方转来的增值税专用发票的发票联和抵扣联，上列价款150 000 元、增值税税额 25 500 元，开具红字增值税专用发票并转交购货方。

其会计处理如下：

借：主营业务收入　　150 000
　　应交税费——应交增值税（销项税额）　　25 500
　　贷：应收账款——B 公司　　175 500

（2）销货折让。

销售折让是指企业将货物销售后，由于品种、质量等原因购货方没有退货，而销售方给予价格折让的一种方式。以下有三种处理情况：①如果购货方尚未进行账务处理也未付款，销货方应在收到购货方转来的增值税专用发票的发票联和抵扣联上注明“作废”字样；②销货折让业务如属当月销售，销货方尚未进行账务处理则不需要进行冲销当月主营业务收入和销项税额的账务处理，只需根据双方协商扣除折让后的价款和增值税税额重新开具增值税专用发票，并进行账务处理；③销货折让业务如属以前月份销售，销货方已进行账务处理，则应根据折让后的价款和增值税税额重新开具增值税专用发票，按原开增值税专用发票的发票联和抵扣联与新开的增值税专用发票的记账联的差额，冲销当月主营业务收入和当月销项税额。

【例1-32】 某机床厂销售给A公司一批小型机床85台，每台不含税售价2 400元，每台成本1 800元，开出增值税专用发票，货已提出，货款未付。现接到A公司通知，其中10台有质量问题，双方协商折让10%。收到A公司转来的索取折让证明单，开出红字专用发票。

其会计处理如下：

借：主营业务收入　　204 000

　　应交税费——应交增值税（销项税额）　　34 680

　　贷：应收账款——A公司　　238 680

（3）销售折扣。

销售折扣（会计称为现金折扣）是指销货方在销售货物或应税劳务之后，为尽早收回销售货款，而协议给予购货方的一种折扣优待。销售折扣属于融资性质的理财费用，其折扣额不得从销售额中减除。

【例1-33】 甲公司销售一批布料给乙公司，全部价款为1 200 000元，税额为2 040 00元，规定付款条件为2/10，n/30，以全部应收款作为销售折扣的依据。

其会计处理如下。

（1）产品发出并办妥托收手续时：

借：应收账款——乙公司　　1 404 000

　　贷：主营业务收入　　1 200 000

应交税费——应交增值税（销项税额）　204 000

（2）如果上述货款在10日内收到：

借：银行存款　1 375 920

　　财务费用　28 080

　　贷：应收账款——乙公司　1 404 000

（3）如果上述货款超过10日后收到：

借：银行存款　1 404 000

　　贷：应收账款——乙公司　1 404 000

5. 包装物销售及押金的会计处理

（1）包装物销售。

第一种情形：随同产品销售并单独计价的包装物。

在随同产品销售并单独计价的包装物销售业务中，企业实际是在销售产品的同时又销售了包装物，因此，应将销售包装物的不含税售价记入“其他业务收入”账户。

【例1-34】 某机床厂销售给本市机械贸易公司设备5台，包装设备的包装物单独计价。开出增值税专用发票注明：产品价款160 000元，包装物价款20 000元，增值税税额为30 600元，款未收到。产品成本110 000元，包装物成本11 000元。

其会计处理如下。

（1）产品发出时：

借：应收账款——机械贸易公司　210 600

　　贷：主营业务收入　160 000

　　　　其他业务收入　20 000

　　　　应交税费——应交增值税（销项税额）　30 600

（2）同时，结转成本：

借：主营业务成本　110 000

　　贷：库存商品　110 000

借：其他业务成本　11 000

　　贷：周转材料——包装物　11 000

第二种情形：随同产品销售不单独计价的包装物。

在随同产品销售、不单独计价的包装物业务中，企业在销售产品时，包装物只作为促进产品销售的一个组成部分，因此，应按包装物的成本计入“销售费用”账户。

【例1-35】 某家电股份公司销售液晶电视机1 500台，不含税单位售价7 200元，随货发出包装箱800件，成本共计24 000元，款已收到。电视机单位成本5 000元。

其会计处理如下。

（1）销售电视机时：

借：银行存款　12 636 000

　　贷：主营业务收入　10 800 000

　　　　应交税费——应交增值税额（销项税额）　1 836 000

（2）结转成本时：

借：主营业务成本　7 500 000

　　贷：库存商品　7 500 000

借：销售费用　24 000

　　贷：周转材料——包装物　24 000

（2）包装物出租。

如果包装物单独出租，属租赁业务，收取的租金不征收增值税。但若为促进货物销售，而随货出租的包装物收取的租金，属于价外费用，应缴纳增值税。因逾期未收回而没收的出租、出借包装物押金应征收增值税。

首先，随酒类产品以外的货物销售所出租出借的包装物收取的押金，并单独记账核算的，当包装物逾期未收回时，没收的押金按适用税率计算销项税额。

其次，随酒类产品销售而出租出借包装物收取的押金分为两种情况：一是啤酒、黄酒，其计税要求及会计处理方法与包装物销售相同；二是其他酒类，对这类货物销售时收取的包装物押金，无论将来押金是否返回以及会计上如何核算，均应并入当期销售额计税。

收取的包装物押金是含税的，没收时应将包装物押金换算为不含税的销售额，再并入其他业务收入征税，其实质上是变相销售包装物；没收包装物押金适用的税率与包装货物的税率一致。

【例1-36】 A公司销售丙产品50件，成本价400元/件，不含税售价600元/件，随货发出包装物50件，每件收取押金140元，账面成本每件70元，款项收到。

其相关会计处理如下。

（1）确认收入时：

借：银行存款 35 100

贷：主营业务收入 30 000

应交税费——应交增值税（销项税额） 5 100

（2）结转销售成本时：

借：主营业务成本 20 000

贷：库存商品 20 000

（3）收取押金时：

借：银行存款 7 000

贷：其他应付款——存入保证金 7 000

（4）如果按期归还包装物，退还押金时：

借：其他应付款——存入保证金 7 000

贷：银行存款 7 000

（5）如果逾期未退还包装物，没收押金时销项税额 = 7 000 ÷ (1 + 17%) × 17% = 1 017.09(元)。

借：其他应付款——存入保证金 7 000

贷：其他业务收入 5 982.91

应交税费——应交增值税（销项税额） 1 017.09

二、小规模纳税人的账务处理

（一）小规模纳税人的账务处理

小规模纳税人是指年销售额在规定标准以下，并且会计核算不健全，不能按规定报送有关税务资料的增值税纳税人。对小规模纳税人征收增值税实行简易办法计算，购进货物或接受应税劳务时，无论其是否取得的是增值税专用发票，其支付给销售方的增值税都不得抵扣，而应计入有关货物或劳务成本。会计核算时，应按全部价款和税款，借记“原材料”、“在途物资”、“库存商品”、“其他业务成本”、“制造费用”等科目，按应付或实际支付的价款，贷记“银行存款”、“应付账款”等科目。

小规模纳税人销售货物或者提供应税劳务，按实现的销售收入和规定的征收率计算应纳税额，并记入“应交税费——应交增值税”账户。实现销售时，按价税合计数，借记“应收账款”、“银行存款”等科目；按不含税的销售额，贷记“主营业务收入”、“其他业务收入”等科目，按规定收取的增值税，贷记“应交税费——应交增值税”科目。

小规模纳税人向税务机关缴纳增值税时，借记“应交税费——应交增值税”科目，贷记“银行存款”科目。收到退回多缴的增值税，作相反的会计分录。

（二）小规模纳税人直接减免增值税的账务处理

月份终了时，将免税销售收入折算为不含税销售额，按3%的征收率计算免征增值税税额。

其会计分录为：

借：主营业务收入

　　贷：应交税费——应交增值税

借：应交税费——应交增值税

　　贷：营业外收入——退税款

第四节　增值税的纳税申报

一、纳税义务发生时间

增值税纳税义务发生时间如表1-7所示。

表 1-7 增值税的纳税发生时间

项 目	具 体 内 容
一般规定	纳税人销售货物或者应税劳务，其纳税义务发生时间为收讫销售款项或者取得索取销售款项凭据的当天；先开具发票的，为开具发票的当天
	纳税人进口货物，其纳税义务发生时间为报关进口的当天
	增值税扣缴义务发生时间为纳税人增值税纳税义务发生的当天
具体规定	采取直接收款方式销售货物，无论货物是否发出，均为收到销售款或者取得索取销售款凭据的当天
	采取托收承付和委托银行收款方式销售货物，为发出货物并办妥托收手续的当天
	采取赊销和分期收款方式销售货物，为书面合同约定的收款日期的当天，无书面合同的或者书面合同没有约定收款日期的，为货物发出的当天
	采取预收货款方式销售货物，为货物发出的当天，但生产销售生产工期超过 12 个月的大型机械设备、船舶、飞机等货物，为收到预收款或者书面合同约定的收款日期的当天
	委托其他纳税人代销货物，为收到代销单位的代销清单或者收到全部或者部分货款的当天。未收到代销清单及货款的，为发出代销货物满 180 天的当天
	销售应税劳务，为提供劳务同时收讫销售款或者取得索取销售款的凭据的当天
	纳税人发生视同销售货物行为，为货物移送的当天

二、增值税纳税期限

增值税纳税期限如图 1-1 所示。

增值税纳税期限

- 增值税的纳税期限分别为1日、3日、5日、10日、15日、1个月或者1个季度
- 纳税人的具体纳税期限，由主管税务机关根据纳税人应纳税额的大小分别核定；不能按照固定期限纳税的，可以按次纳税
- 纳税期限为1个季度的规定仅适用于小规模纳税人。小规模纳税人的具体纳税期限由主管税务机关核定
- 纳税人以1个月或者1个季度为1个纳税期的，自期满之日起15日内申报纳税
- 以1日、3日、5日、10日或者15日为1个纳税期的，自期满之日起5日内预缴税款，于次月1日起15日内申报纳税

图1-1　增值税纳税期限

三、增值税的纳税地点

增值税纳税地点规定如表1-8所示。

表1-8　增值税的纳税地点

项　目	纳税地点
固定业户	固定业户应当向其机构所在地的主管税务机关申报纳税
	固定业户总机构和分支机构不在同一县（市）的，应当分别向各自所在地的主管税务机关申报纳税。经国务院财政、税务主管部门或其他授权的财政、税务机关批准，可由总机构汇总向总机构所在地的主管税务机关申报纳税
	固定业户到外县（市）销售货物或者应税劳务，应当向其机构所在地的主管税务机关申请开具外出经营活动税收管理证明，并向其机构所在地的主管税务机关申报纳税
	固定业户到外县（市）销售货物或者应税劳务，未开具证明的，应当向销售地或者劳务发生地的主管税务机关申报纳税
	固定业户到外县（市）销售货物或者应税劳务，未向销售地或者劳务发生地的主管税务机关申报纳税的，由其机构所在地的主管税务机关补征税款
非固定业户	非固定业户销售货物或者应税劳务，应当向销售地或者劳务发生地的主管税务机关申报纳税
	非固定业户销售货物或者应税劳务，未向销售地或者劳务发生地的主管税务机关申报纳税的，由其机构所在地或者居住地的主管税务机关补征税款
进口货物	进口货物应当向报关地海关申报纳税
扣缴义务人	扣缴义务人应当向其机构所在地或者居住地的主管税务机关申报缴纳其扣缴的税款

消 费 税

第一节 消费税概述

一、消费税的含义

根据《中华人民共和国消费税暂行条例》的规定，消费税是对在我国境内从事生产、委托加工和进口应税消费品的单位和个人，就其应税消费品的销售额、销售数量或组成计税价格在特定环节征收的一种税。简言之消费税就是对特定的消费品和消费行为征收的一种税。消费税属于流转税。

我国现行的消费税是1994年税制改革新设置的一个税种。在对货物普遍征收增值税的基础上，对少数消费品再征收消费税，目的是为了加强经济的宏观调控，调节消费结构，引导消费方向，保证国家财政收入。

二、消费税的纳税义务人

根据《消费税暂行条例》的规定，消费税的纳税义务人为：在中华人民共和国境内生产、委托加工和进口应税消费品的单位和个人。

自2009年1月1日起，国务院增加并确定了应当征收消费税的单位和个人。“单位”有：国有企业、集体企业、私有企业、股份制企业、外商投资企业和外国企业、其他企业和行政单位、事业单位、军事单位、社会团体及其他单位。“个人”包括个体经营者及其他个人。

具体来说，消费税纳税人包括：生产应税消费品的单位和个人；进口应税消费品的单位和个人；委托加工应税消费品的单位和个人。其中，委托加工的应税消费品由受托方于委托方提货时代扣代缴（受托方为个体经营者除外），自产自用的应税消费品，由自产自用单位和个人在移送使用时缴纳消费税。

进口的应税消费品，不管其生产地是否在我国境内，凡在我国境内销售或消费，为了平衡进口应税消费品与本国应税消费品的税负，必须由从事进口应税消费品的进口人或其代理人按照规定缴纳消费税。个人携带或者邮寄入境的应税消费品的消费税，连同关税一并计征，由携带入境者或者收件人依法向税务机关缴纳消费税。

三、消费税的征税范围

我国实行有选择的消费税，其征税范围主要是根据我国的经济发展现状和消费政策，人民群众的消费水平和消费结构以及国家的财政需要确定的。具体规定如表 2-1 所示。

表 2-1　消费税征税范围

项　目	具 体 内 容
生产应税消费品	因消费税具有单一环节征税的特点，在生产销售环节征税以后，货物在流通环节无论再转销多少次，不用再缴纳消费税
	纳税人将生产的应税消费品换取生产资料、消费资料、投资入股、偿还债务，以及用于继续生产应税消费品以外的其他方面都应缴纳消费税
委托加工应税消费品	委托加工应税消费品是指委托方提供原料和主要材料，受托方只收取加工费和代垫部分辅助材料加工的应税消费品
	由受托方提供原材料或其他情形的一律不能视同加工应税消费品
	委托加工的应税消费品收回后，再继续用于生产应税消费品销售的，其加工环节缴纳的消费税款可以扣除
进口应税消费品	单位和个人进口货物属于消费税征税范围的，在进口环节也要缴纳消费税
	进口环节缴纳的消费税由海关代征

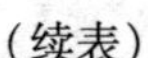

（续表）

项　目	具 体 内 容
零售应税消费品	在零售环节征收消费税的金银首饰仅限于金基、银基合金首饰以及金、银和金基、银基合金的镶嵌首饰
	零售环节适用税率为5%，在纳税人销售金银首饰、钻石及钻石饰品时征收。其计税依据是不含增值税的销售额
	凡划分不清楚或不能分别核算的，在生产环节销售的，一律从高适宜 和税率征收消费税；在零售环节销售的，一律按金银首饰征收消费税
	金银首饰与其他产品组成成套消费品销售的，应按销售额全额征收消费税
	金银首饰连同包装物销售的，无论包装是否单独计价，也无论会计上如何核算，均应并入金银首饰的销售额，计征消费税
	带料加工的金银首饰，应按受托方销售同类金银首饰的销售价格确定计税依据征收消费税。没有同类金银首饰销售价格的，按照组成计税价格计算纳税
	纳税人采用以旧换新（含翻新改制）方式销售的金银首饰，应按实际收取的不含增值税的全部价款确定计税依据征收消费税

四、消费税税目和税率

（一）消费税税目

按照《消费税暂行条例》规定，2006 年 3 月调整后，确定征收消费税的只有烟、酒、化妆品等 14 个税目，有的税目还进一步划分为若干子目。具体税目划分如表 2-2 所示。

表 2-2　消费税税目

税　目	具 体 说 明
烟	凡是以烟叶为原料加工生产的产品，不论使用何种辅料，均属于本税目的征收范围
	包括卷烟（进口卷烟、白包卷烟、手工卷烟和未经国务院批准纳入计划的企业及个人生产的卷烟）、雪茄烟和烟丝

（续表）

税目	具体说明
酒及酒精	酒是酒精度在1度以上的各种酒类饮料。酒精又名乙醇，是指用蒸馏或合成方法生产的酒精度在95度以上的无色透明液体
	酒类包括粮食白酒、薯类白酒、黄酒、啤酒、果啤和其他酒。酒精包括各种工业酒精、医用酒精和食用酒精
化妆品	本税目征收范围包括各类美容、修饰类化妆品、高档护肤类化妆品和成套化妆品
	美容、修饰类化妆品是指香水、香水精、香粉、口红、指甲油、胭脂、眉笔、唇笔、蓝眼油、眼睫毛以及成套化妆品
	舞台、戏剧、影视演员化妆用的上妆油、卸装油、油彩不属于本税目的征收范围
贵重首饰及珠宝玉石	凡以金、银、白金、宝石、珍珠、钻石、翡翠、珊瑚、玛瑙等高贵稀有物质以及其他金属、人造宝石等制作的各种纯金银首饰及镶嵌首饰和经采掘、打磨、加工的各种珠宝玉石
鞭炮、焰火	各种鞭炮、焰火。体育上用的发令纸、鞭炮药引线，不按本税目征收
成品油	汽油：指用原油或其他原料加工生产的辛烷值不小于66的可用作汽油发动机燃料的各种轻质油
	柴油：是指用原油或其他原料加工生产的凝点或倾点在－50℃～30℃的可用作柴油发动机燃料的各种轻质泊和以柴油组分为主、经调和精制可用作柴油发动机燃料的非标油
	石脑油：又叫化工轻油，是以原油或其他原料加工生产的用于化工原料的轻质油
	溶剂油：是用原油或其他原料加工生产的用于涂料、油漆、食用油、印刷油墨、皮革、农药、橡胶、化妆品生产和机械清洗、胶粘行业的轻质油
	航空煤油：也叫喷气燃料，是用原油或其他原料加工生产的用作喷气发动机和喷气推进系统燃料的各种轻质油
	润滑油：是指用原油或其他原料加工生产的用于内燃机、机械加工过程的润滑产品
	燃料油：也称重油、渣油，是用原油或其他原料加工生产，主要用作电厂发电、锅炉用燃料、加热炉燃料、冶金和其他工业炉燃料
汽车轮胎	包括的汽车轮胎是指用于各种汽车、挂车、专用车和其他机动车上的内、外轮胎。
	不包括农用拖拉机、收割机、手扶拖拉机的专用轮胎。自2001年1月1日起，子午线轮胎免征消费税，翻新轮胎停止征收消费税
小汽车	汽车是指由动力驱动，具有四个或四个以上车轮的非轨道承载的车辆
摩托车	包括轻便摩托车和摩托车两种

（续表）

税目	具体说明
高尔夫球及球具	是指从事高尔夫球运动所需的各种专用装备，包括高尔夫球、高尔夫球杆及高尔夫球包（袋）等
高档手表	是指销售价格（不含增值税）每只在10 000元（含）以上的各类手表
游艇	游艇是指长度大于8米小于90米，船体由玻璃钢、钢、铝合金、塑料等多种材料制作，可以在水上移动的水上浮载体
木制一次性筷子	又称卫生筷子，是指以木材为原料经过锯段、浸泡、旋切、刨切、烘干、筛选、打磨、倒角、包装等环节加工而成的各类一次性使用的筷子
实木地板	实木地板是指以木材为原料，经锯割、干燥、刨光、截断、开榫、涂漆等工序加工而成的块状或条状的地面装饰材料

（二）消费税税率

消费税的税率按产品设计，适用比例税率和定额税率两种性质的税率，并根据不同的税目或子目确定相应的税率或单位税额。对一些供求基本平衡、价格差异不大、计量单位规范的消费品实行定额税率，如黄酒、啤酒、汽油、柴油等。而对一些供求矛盾突出、价格差异较大、计量单位又不是十分规范的消费品则采用比例税率，税率为3%～45%不等。对卷烟、粮食、白酒和薯类白酒则采用比例税率和定额税率相结合的复合税率。

具体规定如表2-3所示。

表2-3　消费税税率表

税目			税率
一、烟	1. 卷烟	（1）甲类卷烟	45%加0.003元/支
		（2）乙类卷烟	30%加0.003元/支
		（3）批发环节	5%
	2. 雪茄烟		36%
	3. 烟丝		30%
二、酒及酒精	1. 白酒		20%加0.5元/500克（或者500毫升）
	2. 黄酒		240元/吨
	3. 啤酒	（1）甲类啤酒	250元/吨
		（2）乙类啤酒	220元/吨
	4. 其他酒		10%
	5. 酒精		5%
三、化妆品			30%

（续表）

税目			税率
四、贵重首饰及珠宝玉石	1. 金银首饰、铂金首饰和钻石及钻石饰品		5%
	2. 其他贵重首饰和珠宝玉石		10%
五、鞭炮、焰火			15%
六、成品油	1. 汽油	（1）含铅汽油	1.40 元/升
		（2）无铅汽油	1.00 元/升
	2. 柴油		0.80 元/升
	3. 航空煤油		0.80 元/升
	4. 石脑油		1.00 元/升
	5. 溶剂油		1.00 元/升
	6. 润滑油		1.00 元/升
	7. 燃料油		0.80 元/升
七、汽车轮胎			3%
八、摩托车	1. 气缸容量（排气量，下同）在 250 毫升（含 250 毫升）以下的		3%
	2. 气缸容量在 250 毫升以上的		10%
九、小汽车	1. 乘用车	（1）气缸容量（排气量，下同）在 1.0 升（含 1.0 升）以下的	1%
		（2）气缸容量在 1.0 升以上至 1.5 升（含 1.5 升）的	3%
		（3）气缸容量在 1.5 升以上至 2.0 升（含 2.0 升）的	5%
		（4）气缸容量在 2.0 升以上至 2.5 升（含 2.5 升）的	9%
		（5）气缸容量在 2.5 升以上至 3.0 升（含 3.0 升）的	12%
		（6）气缸容量在 3.0 升以上至 4.0 升（含 4.0 升）的	25%
		（7）气缸容量在 4.0 升以上的	40%
	2. 中轻型商用客车		5%

（续表）

税　目	税　率
十、高尔夫球及球具	10%
十一、高档手表	20%
十二、游艇	10%
十三、木制一次性筷子	5%
十四、实木地板	5%

第二节　消费税的计算

一、消费税的计算方法

按照现行消费税税法的基本规定，消费税应纳税额的计算分为从价定率、从量定额和从量混合征收三种方法。

（一）从价定率计算方法

现行消费税，对烟（除卷烟外）、酒（除白酒、黄酒和啤酒外）、化妆品、鞭炮、焰火、贵重首饰及珠宝玉石、汽车轮胎、摩托车、小汽车、高尔夫球及球具、高档手表、游艇、木制一次性筷子和实木地板等应税消费品的应纳税额，采取从价定率计算方法，即根据应税消费品的销售额和适用税率计算应纳消费税税额。其计算公式为：

应纳税额 = 应税消费品的销售额 × 比例税率

（二）从量定额计算方法

现行消费税，对黄酒、啤酒、成品油等应税消费品的应纳税额，采取从量定额计算方法，即根据应税消费品的销售数量和定额税率计算应纳消费税税额。其计算公式为：

应纳税额 = 应税消费品的销售数量 × 定额税率

吨与升的换算标准如表 2-4 所示。

表 2-4　吨与升的换算标准

序号	类别	换算标准
1	黄酒	1 吨 =962 升
2	啤酒	1 吨 =988 升
3	汽油	1 吨 =1 388 升
4	柴油	1 吨 =1 176 升
5	航空煤油	1 吨 =1 246 升
6	石脑油	1 吨 =1 385 升
7	溶剂油	1 吨 =1 282 升
8	润滑油	1 吨 =1 126 升
9	燃料油	1 吨 =1 015 升

（三）从量混合征收计算方法

从量混合征收法就是从价定率与从量定额相结合的征税办法。现行消费税，对卷烟、白酒（含粮食白酒、薯类白酒）两种应税消费品的应纳税额采用从价定率和从量定额复合计算方法，即卷烟和白酒两种应税消费品的应纳税额等于应税销售额乘以比例税率再加上应税销售数量乘以定额税率。其计算公式为：

应纳税额 = 应税销售额 × 比例税率 + 应税销售数量 × 定额税率

以上三种计算方法，在税率和单位税额确定的情况下，消费税的计算取决于销售额和销售数量的确定。

二、消费税应纳税额的计算

（一）自产自用应税消费品应纳税额的计算

1. 用于连续生产应税消费品

按照《消费税暂行条例》的规定，纳税人自产自用的应税消费品，用于连续生产应税消费品的不纳税。“纳税人自产自用的应税消费品，用于连续生产应税消费品的”是指作为生产最终应税消费品的直接材料，并构成最终产品实体的应税消费品。如果消费税纳税人生产出一种消费品时缴纳了消费税，而在用于连续生产另一种消费品并出售之后又缴纳消费税，则生产商就意味着交了两次税。《消费税暂行条例》中规定为体现税不重征和计税简便的原则，避免重复征税，消费税纳税人自产自用的应税消费品，用于连续生产应税消费品的不征税。

2. 用于其他方面

按照《消费税暂行条例》的规定，纳税人将自产自用的应税消费品不用于连续生产而用于其他方面的，于移送使用时纳税。“用于其他方面”是指纳税人将消费品用于生产非应税消费品、在建工程、管理部门、非生产机构、提供劳务及用于馈赠、赞助、集资、广告、样品、职工福利、奖励等方面。

纳税人将自产自用的应税消费品用于生产非应税项目是指自产自用的应税消费品用于生产消费税税目表所列 14 类产品以外的产品。

纳税人将自产自用的应税消费品用于本企业基础建设、专项工程、生活福利设施等方面，从形式上看，并没有取得销售收入，但却要视同对外销售，计征消费税。

（二）自产自用应税消费品应纳税额的计税依据

自产自用应税消费品应纳税额的计税依据有两种形式：第一，有同类消费品销售价格的，按同类消费品的销售价格计税；第二，无同类消费品销售价格的，按组成计税价格计税。

1. 有同类消费品销售价格的

有同类消费品销售价格的按照纳税人当月自用的同类消费品的销售价格计算纳税。其计算公式为：

应纳税额 = 同类消费品销售单价 × 自产自用数量 × 适用税率

如果当月同类消费品的各期销售价格高低不同，应按销售数量加权平均计算。但销售的应税消费品有下列情况之一的，不得列入加权平均计算：

（1）当月应税消费品的销售价格明显偏低又无正当理由的；

（2）当月应税消费品无销售价格的，如果当月无销售或当月未完结，应按照同类消费品上月或最近月份的销售价格计算纳税。

2. 无同类消费品销售价格的

按照规定，如果纳税人自产自用的的应税消费品，在计算征收时，没有同类消费品消费价格，应按组成计税价格计算纳税。组成计税价格的计算公式为：

组成计税价格 =（成本 + 利润）÷（1 – 消费税税率）

或　　组成计税价格 = 成本 ×（1 + 成本利润率）÷（1 – 消费税税率）

应纳税额 = 组成计税价格 × 适用税率

公式中的“成本”是指应税消费品的产品生产成本。

公式中的“利润”是指根据应税消费品的全国平均成本利润率计算的利润。应税消费品的全国平均利润率由国家税务总局确定。

应税消费品全国平均成本利润率规定如下：

高档手表 20%；高尔夫球及球具、游艇、甲类卷烟、粮食白酒 10%；乘用车 8%；贵重首饰及珠宝玉石、摩托车 6%；乙类卷烟、雪茄烟、薯类白酒、其他酒、酒精、化妆品、鞭炮焰火、汽车轮胎、中轻型商用客车、木制一次性筷子、实木地板 5%。

（三）委托加工应税消费品应纳税额的计算

委托加工应税消费品，如果受托方有同类消费品销售价格的，按受托方同类消费品销售平均价格计算应缴消费税。计算公式为：

应纳税额 = 同类消费品销售价格 × 委托加工数量 × 适用税率

如果受托方没有同类消费品销售价格的，按组成计税价格计算应缴消费税。计算公式为：

组成计税价格 =（材料成本 + 加工费）÷（1 – 消费税税率）

应纳税额 = 组成计税价格 × 适用税率

【例 2-1】　甲酒厂委托乙酒厂加工一批酒精，甲酒厂提供的原料成本为 75 000 元，并以银行存款支付给乙酒厂加工费 5 000 元，乙酒厂同类产品的销售价格为 85 000 元，计算甲酒厂提货时，乙酒厂应同时收取代收代缴的消费税是多少。

相关应纳消费税税额的计算如下：

（1）有同类应税消费品价格的：

乙酒厂代收代缴的消费税额 = 85 000 × 5% = 4 250（元）。

（2）如果乙酒厂没有同类产品销售价格，则该酒厂应代收代缴的消费税额应按组成计税价格进行计算：

组成计税价格 =（75 000 + 5 000）÷（1 – 5%）= 84 210.53（元）；

应纳税额 = 84 210.53 × 5% = 4 210.53（元）。

（四）进口应税消费品应纳税额的计算

进口应税消费品以进口商品总值为计税依据，进口或代理进口应税消费品的单位和个人为进口应税消费品消费税的纳税义务人。进口的应税消费品于报关进口时缴纳消费税，由海关代征。

纳税人进口应税消费品，按照组成计税价格和规定的税率计算应纳税额。

1. 实行从价定率办法的应税消费品应纳税额的计算

其计算公式如下：

组成计税价格 =（关税完税价格 + 关税）÷（1 – 消费税税率）

应纳消费税 = 组成计税价格 × 消费税税率

公式中所称“关税完税价格”是指海关核定的关税计税价格。

2. 实行从量定额办法的应税消费品应纳税额的计算

其计算公式如下：

应纳税额 = 应税消费品数量 × 消费税定额税额

公式中所称“应税消费品数量”是指海关核定的应税消费品进口征税数量。

3. 实行复合计税办法的应税消费品应纳税额的计算

其计算公式如下：

组成计税价格 =（关税完税价格 + 关税 + 应税消费品进口数量 × 消费税定额税率）÷（1 – 消费税比例税率）

应纳税额 = 组成计税价格 × 消费税比例税率 + 应税消费品进口数量 × 消费税定额税率

【例2-2】 某公司2009年6月进口小汽车20辆，小汽车的到岸价格折合人民币450 000元，应纳关税80 000元，适用消费税税率5%。该企业进口小汽车的应纳消费税计算如下：

进口小汽车的组成计税价格 =（450 000 + 80 000）÷（1 – 5%）= 557 894.74(元)；

进口小汽车应纳消费税 = 557 894.74 × 5% = 27 894.74(元)。

（五）销售自产消费品应纳消费税的计算

采用从价定率方法，消费税应纳税额的计算取决于应税消费品的销售额和适用税率两个因素。计算公式为：

应纳税额 = 应税消费品的销售额 × 适用税率

1. 销售额的确定

销售应税消费品的销售额包括纳税人销售应税消费品从购买方收取的全部价款和价外费用。所谓“价外费用”是指价外收取的基金、集资费、返还利润、补贴、违约金（延期付款利息）和手续费、包装费、储备费、优质费、运输装卸费、代收款项、代垫款项以及其他各种性质的价外收费。但不包括下列款项：①承运部门的运费发票开具给购货方的；②纳税人将该项发票转交给购货方的。

除以上之外，其他价外费用，无论是否属于纳税人的收入，均应并入销售额计算纳税。即：

销售额 = 应税消费品销售额 + 价外收费

销售额的确定，应注意以下几个方面问题：

（1）含增值税销售额的换算。

应税消费品的销售额中，不包括应向购货方收取的增值税税款。如果纳税人应税消费品的销售额中未扣除增值税款或者因不得开具增值税专用发票而发生价款和增值税税款合并收取的，在计算消费税时，应将含税销售额换算成不含增值税税款的销售额，换算公式为：

应税消费品的销售额 = 含增值税的销售额 ÷ (1 + 增值税税率或征收率)

（2）包装物押金的处理。

应税消费品连同包装物销售的，无论包装物是否单独计价，也不论在会计上如何核算，均应并入应税消费品的销售额中征收消费税。

如果包装物不作价随同产品销售，而是收取押金，且单独核算又未过期的，该押金不应并入应税消费品的销售额中征税。但对因逾期未收回的包装物不再退还的和已收取 1 年以上的押金，应并入应税消费品的销售额计算征收消费税。

对既作价随同产品销售，又另外收取包装物押金，凡纳税人在规定的期限内不予退还的，均应并入应税消费品的销售额计算征收消费税。对酒类产品生产企业销售酒类产品（黄酒、啤酒除外）而收取的包装物押金，无论押金是否返还、会计上如何核算，均应并入酒类产品销售额中计算征收消费税。根据财税［2006］20 号文件规定，啤酒的包装物押金不包括供重复使用的塑料周转箱的押金。

此外，白酒生产企业向商业销售单位收取的“品牌使用费”是随着应税白酒的销售而向购货方收取的，属于应税白酒销售价款的组成部分，因此，无论企业采取何种方式以何种名义收取价款，均应并入白酒的销售额中缴纳消费税。

（3）纳税人用于换取生产资料和消费资料，投资入股和抵偿债务等方面的应税消费品，应当以纳税人同类应税消费品的最高销售价格作为计算依据计算消费税。

【例2-3】 某化妆品生产企业为增值税一般纳税人。2011年10月3日销售一批化妆品，开具增值税专用发票标明价款25万元，增值税额4.25万元；10月11日，销售一批化妆品，开具普通发票，金额为34.5万元。化妆品适用税率为30%。计算该化妆品生产企业2011年10月份应缴纳的消费税额。

应税销售额及应纳消费税税额的计算如下：

化妆品的应税销售额 = 25 + 34.5 ÷ (1 + 17%) = 54.49(万元)；

应纳消费税税额 = 54.49 × 30% = 16.35(万元)。

2. 外购应税消费品已纳税款的扣除

消费税纳税人以外购的已税消费品为原料连续生产销售的应税消费品，在计税时税法规定可按当期生产领用数量计算准予扣除外购应税消费品已纳的消费税税款。扣除范围包括：

（1）外购已税烟丝生产的卷烟；

（2）外购已税化妆品生产的化妆品；

（3）外购已税珠宝玉石生产的贵重首饰及珠宝玉石；

（4）外购已税石脑油、燃料油为原料生产的应税消费品；

（5）外购已税鞭炮焰火生产的鞭炮焰火；

（6）—外购已税汽车轮胎（内胎和外胎）生产的汽车轮胎；

（7）外购已税摩托车生产的摩托车（如用外购两轮摩托车改装三轮摩托车）；

（8）外购已税润滑油为原料生产的润滑油；

（9）外购已税杆头、杆身和握把为原料生产的木制一次性筷子；

（10）外购已税实木地板为原料生产的实木地板。

单位和个人外购润滑油大包装经简单加工成小包装或外购润滑油不经加

工只贴商标的行为，视同应税消费品的生产行为。单位和个人发生的以上行为应当申报缴纳消费税，准予扣除外购润滑油已纳消费税。

注：从商业企业购进应税消费品连续生产应税消费品，符合抵扣条件的，准予扣除外购应税消费品已纳消费税税款。

当期准予扣除外购应税消费品已纳消费税税款的计算公式为：

当期准予扣除的外购应税消费品已纳税款 = 当期准予扣除的外购应税消费品买价或数量 × 外购应税消费品的适用税率或税额

当期准予扣除的外购应税消费品买价或数量 = 期初库存的外购应税消费品买价或数量 + 当期购进的应税买价或数量 − 期末库存的外购应税消费品的买价或数量

【例 2-4】 某化妆品厂用外购化妆品生产化妆品。2011 年 10 月不含增值税销售额为 45 万元，当月月初库存外购化妆品（原料）账面余额 35 万元，当月购进化妆品（原料）62 万元，月末库存化妆品（原料）74 万元。化妆品税率为 30%。计算该厂应纳消费税额。

计算如下：

10 月份应纳消费税税额 = 45 × 30% = 13.5(万元)；

10 月份准予扣除外购化妆品已纳税额 = (35 + 62 − 74) × 30% = 6.9(万元)；

10 月份销售化妆品实际应交消费税税额 = 13.5 − 6.9 = 6.6(万元)。

（六）金银首饰应纳消费税的计算

金银首饰、钻石及钻石饰品的纳税环节由生产环节、进口环节转至零售环节计征消费税。应纳消费税税额的计算公式为：

应纳税额 = 应税销售额 × 适用税率

按照有关规定，金银首饰的计税依据为：

（1）金银首饰消费品的计税依据为纳税人销售金银首饰时向购买方收取的不含增值税的全部价款和价外费用。纳税人在计算销售额时，若买价中包含增值税的应将其换算为不含税销售额，其相关公式如下：

金银首饰销售额 = 含增值税的销售额 ÷（1 + 增值税税率或征收率）

应纳税额 = 金银首饰销售额 × 适用税率

（2）纳税人采用以旧换新、翻新改制方式销售的金银首饰，其计税依据为实际收取的不含增值税的全部价款，包括增加或添加的材料价格以及收取的加工费。

（3）纳税人连同包装物一同销售的金银首饰，无论包装物是否单独计价，也无论会计上如何核算，均应并入金银首饰的销售额中计征消费税。

（4）生产、批发、零售单位用于馈赠、赞助、集资、广告、样品、职工福利、奖励等方面的金银首饰，计税依据为纳税人销售同类金银首饰的销售价格；没有同类金银首饰销售价格的，计税依据为组成计税价格。计算公式为：

组成计税价格 = 购进原价（或生产成本）×（1 + 利润率）÷（1 − 金银首饰消费税税率）

公式中的“购进原价”是对商业企业而言的，生产成本是对生产企业而言的，利润率统一规定为6%。

（5）带料加工的金银首饰，计税依据为受托方同类金银首饰的销售价格；没有同类金银首饰销售价格的，计税依据为组成计税价格。计算公式为：

组成计税价格 =（材料成本 + 加工费）÷（1 − 金银首饰消费税税率）

公式中的“材料成本”，是指委托方所提供加工材料的实际成本。委托方必须在委托加工合同上如实注明（或以其他方式提供）材料成本；凡未提供材料成本的，受托方所在地主管税务机关有权核定其材料成本。“加工费”，是指受托方加工金银首饰向委托方所收取的全部费用（包括代垫辅助材料的实际成本），但不包括收取的增值税。

（6）金银首饰消费税改变纳税环节后，纳税人用已税珠宝玉石生产的金、银和金基、银基合金的镶嵌首饰，一律不得扣除购买或已纳的消费税税款。经营单位兼营生产、加工、批发、零售金银首饰业务的，应分别核算销售额，未分别核算或划分不清的，一律视同零售金银首饰征收消费税。

（7）对改变征税环节的，商业零售企业销售以前年度库存的金银首饰，按调整后的税率照章征收消费税。

【例2-5】 2011年4月，某商场（增值税一般纳税人）向消费者个人销售镶嵌钻石的白金首饰取得收入5 850元，试计算该企业上述业务应纳消费税。

应纳消费税 = 5 850 ÷（1 + 17%）× 5% = 250（元）。

（七）卷烟批发环节征收消费税的规定

为保证财政收支平衡，适当增加财政收入，更好的完善烟产品消费税制度，自 2009 年 5 月 1 日起，国家税务总局在卷烟批发环节加征一道从价税。

（1）纳税义务人：凡是在中华人发共和国境内从事卷烟批发业务的单位和个人均为消费税的纳税义务人。

（2）征收范围：纳税人批发销售的所有牌号规格的卷烟，即只要是卷烟都要加征一道从价税。

（3）计税依据：纳税人批发卷烟的销售额（不含增值税），即纳税人批发卷烟时从购货方收取的全部价款（不含增值税）和价外费用。

（4）纳税人应将卷烟销售额与其他商品销售额分开核算，如果纳税人未将卷烟销售额与其他商品销售额分开核算，则一并征收消费税，这样纳税人就有可能多缴纳税款，所以纳税人在对卷烟进行纳税时，能将卷烟销售额与其他销售额分开的，一定要分开核算。

（5）适用税率：国家统一规定适用 5% 的征收率。

（6）纳税人销售给纳税人以外的单位和个人的卷烟于销售时纳税。纳税人之间销售的卷烟不缴纳消费税，避免重复征税。

（7）纳税义务发生时间：纳税人收讫销售款或者取得索取销售款凭据的当天。

（8）纳税地点：卷烟批发企业的机构所在地，总机构与分支机构不在同一地区的，由总机构申报纳税。

（9）卷烟消费税在生产和批发两个环节征收后，批发企业在计算纳税时不得扣除已含的生产环节的消费税税款。

第三节　消费税的会计处理

一、账户设置

（一）“应交税费——应交消费税”账户设置

为了正确、及时地反映企业消费税应缴、已缴、欠缴等相关纳税事项，纳税人应在“应交税费”科目下设置“应交消费税”明细科目进行会计核算。此账户采用三栏式明细账户，反映消费税纳税义务的发生和消费税的缴纳情况。“应交消费税”明细科目的借方核算企业实际缴纳的消费税或代扣的消费税；贷方核算企业按规定应缴纳的消费税；期末贷方余额表示尚未缴纳的消费税，借方余额表示企业多缴的或待抵扣的消费税。

（二）“营业税金及附加”账户设置

缴纳消费税的企业除设置“应交税费——应交消费税”科目外，还应设置“营业税金及附加”科目，“营业税金及附加”科目核算应由销售产品、提供劳务等负担的销售税金及附加，包括消费税、营业税、城市维护建设税、资源税、土地增值税和教育费附加等。企业应根据应税收入计算应冲减营业收入的应交消费税、营业税、城市维护建设税、资源税、土地增值税和教育费附加等，借记此账户；收到出口退税或减免退回的税金，贷记此账户；期末将余额转入“本年利润”账户，结转后该账户无余额。

二、消费税的会计处理

（一）自产应税消费品对外销售应纳消费税的账务处理

消费税纳税人将自产应税消费品对外销售时，应按规定计算出应纳消费税税额，借记“营业税金及附加”账户，贷记“应交税费——应交消费税”账户。实际缴纳消费税时，借记“应交税费——应交消费税”账户，贷记“银行存款”账户。

由于增值税是普遍征收的，应税消费品在征收消费税时，必须征收增值税。以下举例说明：

【例2-6】 某摩托车制造企业2011年6月份生产500辆摩托车，本月售出320辆，款项已转存银行，每辆销售价格（不含增值税）为7 500元，委托一特约经销商代销60辆，每辆成本为5 400元，尚未收到代销清单。

该笔经济业务的相关计算和账务处理如下。

(1) 计算应纳税额如下：

应纳消费税税额 = 320 × 7 500 × 10% = 240 000(元)；

应纳增值税税额 = 320 × 7 500 × 17% = 408 000(元)。

(2) 确认销售实现时：

借：银行存款　　2 808 000

　　贷：主营业务收入　　2 400 000

　　　　应交税费——应交增值税（销项税额）　　408 000

(3) 计算应纳消费税税额时：

借：营业税金及附加　　240 000

　　贷：应交税费——应交消费税　　240 000

(4) 上交消费税时：

借：应交税费——应交消费税　　240 000

　　贷：银行存款　　240 000

(5) 发出委托代销商品时：

借：发出商品　　324 000

　　贷：库存商品——摩托车　　324 000

【例 2-7】 某化妆品生产企业为增值税一般纳税人，7 月 12 日向某大型商场销售化妆品一批，开具增值税专用发票，取得不含增值税销售额 120 万元，增值税额 20.4 万元；7 月 24 日向某单位销售化妆品一批，开具普通发票，取得含增值税销售额 23.4 万元。贷款已经收到，已知化妆品适用消费税税率 30%。

此项经济业务的相关计算及账务处理如下。

(1) 化妆品销售额及消费税额的计算：

化妆品的应税销售额 = 120 + 23.4 ÷ (1 + 17%) = 140(万元)；

应纳消费税税额 = 140 × 30% = 42(万元)。

(2) 确认销售实现时：

借：银行存款　　1 638 000

　　贷：主营业务收入　　1 400 000

　　　　应交税费——应交增值税（销项税额）　　238 000

(3) 计算应纳消费税税额时：

借：营业税金及附加　　420 000

　　贷：应交税费——应交消费税　　420 000

(4) 纳税人上交消费税时：

借：应交税费——应交消费税　420 000

　　贷：银行存款　420 000

【例2-8】 某鞭炮生产企业通过非独立核算的门市部销售鞭炮，每箱不含增值税售价为2 400元，合计销售850箱，款项已存入银行。消费税税率15%，增值税税率17%。

该企业非独立核算门市部销售业务的相关计算及账务处理如下。

(1) 鞭炮销售额及增值税、消费税的计算：

应税销售额 = 2 400 × 850 = 2 040 000(元)；

应纳消费税 = 2 040 000 × 15% = 306 000(元)；

增值税销项税 = 2 040 000 × 17% = 346 800(元)。

(2) 确认销售实现时：

借：银行存款　2386 800

　　贷：主营业务收入　2 040 000

　　　　应交税费——应交增值税（销项税额）　346 800

(3) 计算应纳消费税税额时：

借：营业税金及附加　306 000

　　贷：应交税费——应交消费税　306 000

【例2-9】 某企业上月销售卷烟，现因质量问题退货，退回消费税税款12 400元。

该笔经济业务的账务处理如下。

(1) 冲销计算的应纳消费税时：

借：应交税费——应交消费税　12 400

　　贷：营业税金及附加　12 400

(2) 退回已交的消费税时：

借：银行存款　12 400

　　贷：应交税费——应交消费税　12 400

（二）自产自用的应税消费品的会计处理

1. 用于连续生产应税消费品的会计处理

纳税人自产自用的应税消费品用于连续生产应税消费品的，不纳消费税，只进行实际成本的核算。

【例2-10】 某卷烟厂领用库存自产烟丝12吨，用于连续生产卷烟，烟丝的实际总成本为43 000元。

相关会计处理如下：

借：生产成本　　43 000

　　贷：原材料——烟丝　　43 000

2. 用于其他方面的会计处理

（1）用于连续生产非应税消费品的会计处理。

纳税人自产自用的应税消费品用于连续生产非应税消费品的，由于最终产品不属于应税消费品，所以，应在移送使用环节缴纳消费税。在领用时借记“生产成本”账户，贷记“原材料”、“应交税费——应交消费税”等账户。

【例2-11】 某汽车制造厂领用库存自产汽车轮胎若干，用于连续生产卡车。汽车轮胎的实际成本为65 000元（汽车轮胎成本利润率为5%，汽车轮胎的消费税征收率为3%），无同类应税消费品的销售价格即按组成计税价格为销售额。

相关计算及会计处理如下。

（1）销售与应纳消费税的计算：

组成计税价格 = 65 000 × (1 + 5%) ÷ (1 − 3%) = 70 360.82(元)；

应纳消费税 = 65 000 × (1 + 5%) ÷ (1 − 3%) × 3% = 2 110.82(元)。

（2）账务处理如下：

借：生产成本　　67 110.82

　　贷：原材料——轮胎　　65 000

　　　　应交税费——应交消费税　　2 110.82

（2）用于其他方面的应税消费品的会计处理。

纳税人用于其他方面应税消费品的，是指纳税人用于在建工程、管理部门、非生产机构、提供劳务以及用于馈赠、赞助、集资、广告、样品、集体福利、奖励等方面的应税消费品。用于其他方面的应税消费品应视同销售，在按成本转账的同时按同类消费品的销售价格或组成计税价格和适用税率（增值税税率和消费税税率）计算增值税销项税额和消费税，借记“在建工程”、“销售费用”、“应付职工薪酬”、“营业外支出”、“固定资产”等账户，贷记“库存商品”、“应交税费——应交增值税（销项税额）”、“应交税费——应交消费税”等账户。

【例2-12】 某手表厂研制了一种新型高档手表，为了开拓市场，将该手表赠送给有关客户25块。该新型手表无同类产品销售价格，该产品单位实际成本为15 000元（高档手表成本利润率为20%）。

该项经济业务的相关计算及账务处理如下。

（1）组成计税价格及应纳增值税和应纳消费税的计算：

组成计税价格 = 15 000 ×（1 + 20%）÷（1 − 20%）× 25 = 562 500（元）；

应纳增值税 = 562 500 × 17% = 95 625（元）；

应纳消费税 = 562 500 × 20% = 112 500（元）。

（2）相关账务处理如下：

借：营业外支出	583 125	
贷：库存商品		375 000
应交税费——应交增值税		95 625
应交税费——应交消费税		112 500

（3）包装物缴纳消费税的会计处理。

随同产品销售且不单独计价的包装物，其收入随同所销售的产品一起记入产品销售收入。因而包装物应缴纳的消费税与产品销售一并进行账务处理，即记入“营业税金及附加”科目或其他有关税金科目中。

随同产品销售单独计价的包装物，由于其收入记入“其他业务收入”科目，所以应缴纳的消费税应记入“其他业务成本”科目中。

【例2-13】 某酒厂销售酒精一批，随同出售的包装物单独计价24 000元（不含增值税），包装物成本为12 000元，收到款项存入银行。

该项经济业务的计算及相关账务处理如下。

应纳增值税销项税额 =24 000×17% =4 080（元）；

应纳消费税税额 =24 000×5% =1 200（元）。

（1）确认销售收入时：

借：银行存款 28 080

　　贷：其他业务收入 24 000

　　　　应交税费——应交增值税（销项税额） 4 080

（2）结转包装物成本时：

借：其他业务成本 12 000

　　贷：包装物 12 000

（3）计提消费税时：

借：其他业务成本 1 200

　　贷：应交税费——应交消费税 1 200

出租、出借的包装物，收取押金时，借记“银行存款”科目，贷记“其他应付款”科目；当包装物按期返还而退回包装物押金时，做相反的会计处理；如果包装物逾期不能收回，没收押金时，借记“其他应付款”科目，贷记“其他业务收入”“应交税费——应交增值税（销项税额）”科目；没收押金应缴纳的消费税记入“其他业务成本”科目。

【例2-14】 济南某烟厂2011年4月对外销售烟丝一批，取得销售收入240 000元（不含增值税），另外收取包装物押金25 000元，包装物的回收期限为1个月。收取款项已存入银行。

该项经济业务相关计算及账务处理如下。

增值税销项税额 =240 000×17% =40 800（元）；

应纳消费税额 =240 000×30% =72 000（元）。

（1）收取款项确认销售收入时，包装物押金不征税，只记入“其他应付款”科目即可：

借：银行存款 305 800

贷：主营业务收入　240 000

　应交税费——应交增值税（销项税额）　40 800

　其他应付款　25 000

（2）计提烟丝应缴消费税时：

借：营业税金及附加　72 000

　贷：应交税费——应交消费税　72 000

（3）逾期未收回包装物而没收押金时：

包装物押金收入应纳增值税销项税额 = 25 000 ÷ (1 + 17%) × 17% = 3 632.48(元)；

包装物押金收入应纳消费税额 = 25 000 ÷ (1 + 17%) × 30% = 6 410.26(元)。

确认没收押金收入时：

借：其他应付款　25 000

　贷：其他业务收入　21 367.52

　　应交税费——应交增值税（销项税额）　3 632.48

（4）计提包装物押金收入应缴的消费税：

借：其他业务成本　6 410.26

　贷：应交税费——应交消费税　6 410.26

按《消费税暂行条例》实施细则规定，对既作价随同应税消费品销售，又另外加收押金的包装物押金，凡纳税人在规定的期限内不予退还的，均应并入应税消费品的销售额，按照应税消费品的适用税率征收消费税。

消费税纳税人发生以上经济行为进行会计业务处理时，借记“银行存款”科目，贷记“其他应付款”科目；包装物未收回，没收的押金应缴纳的消费税应借记“其他应付款”科目，贷记“应交税费——应交消费税”科目，其他应付款与应缴消费税的差额转入“营业外收入”科目中。

（三）委托加工应税消费品的会计处理

1. 委托加工收回直接用于销售的核算

消费税纳税人将委托加工收回的应税消费品直接用于销售的，在销售时不缴纳消费税，并将受托方代收代缴的消费税和支付的加工费一并计入委托加工应税消费品的成本，借记“委托加工物资”科目，按应付或实际支付的货款，贷记“应付账款”或“银行存款”科目。

【例2-15】 甲化妆品有限公司委托丙化妆品厂加工化妆品一批，发出材料成本45 000元，本产品无同类产品市场售价（按组成计税价格），加工完成支付加工费12 000元，增值税2 040元，连同受托方代收代缴的消费税，一并通过银行收回，收回时又支付运费800元（运费的增值税税率为7%）。收回的这批化妆品直接用于对外销售。甲化妆品有限公司的相关计算及会计处理如下。

（1）发出材料时：

借：委托加工物资　45 000

　贷：原材料　45 000

（2）支付加工费、消费税和增值税时：

组成计税价格 =（45 000 + 12 000）÷（1 − 30%）= 81 428.57(元)；

应支付的增值税 =12 000 ×17% =2 040（元）；

应支付的消费税 =81 428.57 ×30% =24 428.57（元）；

委托加工化妆品的成本 =12 000 +24 428.57 =36 428.57（元）。

借：委托加工物资　36 428.57

　应交税费——应交增值税（进项税额）　2 040

　贷：银行存款　38 468.57

（3）支付运费时：

借：委托加工物资　（800 −56）744

　应交税费——应交增值税（进项税额）　（800 ×7%）56

　贷：银行存款　800

（4）化妆品完工收回验收入库时：

借：库存商品　82 172.57

　贷：委托加工物资　82 172.57

（5）销售该批化妆品时不再缴纳消费税（假设该批委托加工收回的化妆品不含增值税的售价总计为160 000元）：

借：银行存款　187 200

　贷：主营业务收入　160 000

　　应交税费——应交增值税（销项税额）　27 200

（6）结转已售化妆品成本时：

借：主营业务成本　82 172.57

贷：库存商品　82 172.57

2. 委托加工收回用于继续加工应税消费品的核算

如果委托方将委托加工的应税消费品收回后用于连续生产应税消费品，则应将受托方代收代缴的消费税计入“应交税费——应交消费税”科目的账户，在最终应税消费品计算缴纳消费税时予以抵扣，而不是计入委托加工应税消费品的成本中。委托方在提货时，按应支付的加工费等借记“委托加工物资”等账户，按受托方代收代缴的消费税，借记“应交税费——应交消费税”账户，按支付加工费应负担的增值税税额，借记“应交税费——应交增值税（进项税额）”账户，按加工费与增值税、消费税之和，贷记“银行存款”等账户；待加工成最终应税消费品销售时，按最终应税消费品应缴纳的消费税，借记“营业税金及附加”账户，贷记“应交税费——应交消费税”账户；“应交税费——应交消费税”账户中借贷方发生额的差额为实际应缴的消费税；缴纳时，借记“应交税费——应交消费税”账户，贷记“银行存款”账户。

【例2-16】 甲公司2011年5月委托乙轮胎加工厂加工汽车轮胎一批，发出材料成本60 000元，该公司支付加工费30 000元，增值税5 100元。乙公司无同类汽车轮胎的销售价格（按组成计税价格）。甲公司在汽车轮胎收回后连续生产新型汽车轮胎对外销售（汽车轮胎适用税率为3%），取得销售收入650 000元。

相关计算及账务处理如下。

（1）发出材料时：

借：委托加工物资　　60 000

　　贷：原材料　　60 000

（2）支付加工费、消费税和增值税时：

组成计税价格 =（60 000 + 3 000）÷（1 − 3%）= 92 783.51（元）；

应支付消费税 = 92 783.51 × 3% = 2 783.51（元）；

应支付增值税 = 30 000 × 17% = 5 100（元）。

借：委托加工物资　　30 000

　　应交税费——应交增值税（进项税额）　　5 100

　　应交税费——应交消费税（待扣税金）　　2 783.51

　　贷：银行存款　　37 883.51

(3) 最终新型汽车轮胎实现销售时确认收入，计算消费税时：

应纳消费税＝650 000×3%＝19 500（元）；

应交增值税销项税额＝650 000×17%＝110 500（元）。

借：银行存款	760 500	
贷：主营业务收入		650 000
应交税费——应交增值税（销项税额）		110 500
借：营业税金及附加	19 500	
贷：应交税费——应交消费税		19 500

(4) 实际向税务机关缴纳消费税时：

当期实际应纳消费税＝19 500－2 783.51＝16 716.49（元）。

借：应交税费——应交消费税	16 716.49	
贷：银行存款		16 716.49

(5) 受托方代收代缴消费税的会计处理：

借：银行存款	37 883.51	
贷：主营业务收入		30 000
应交税费——应交增值税（销项税额）		5 100
应交税费——应交消费税		2 783.51

（四）进口应税消费品的会计处理

纳税人进口应税消费品，按照海关提供的完税凭证上注明的消费税额，借记“固定资产”、“有途物资”、“库存商品”、“原材料”等账户，按应付或实际支付的款项，贷记“应付账款”、“银行存款”等账户，不需要通过“应交税费——应交消费税”账户核算，进口环节缴纳的消费税直接计入进口应税消费品的成本。

【例2-17】 某化妆品有限公司进口化妆品一批，化妆品关税完税价格20 000美元，已纳关税50 000元人民币，当日的美元汇率为8.00元人民币，增值税税率为17%，消费税税率为30%。

(1) 该项经济业务相关计算如下：

组成计税价格＝(20 000×8＋50 000)÷(1－30%)＝300 000(元)；

应纳消费税税额＝300 000×30%＝90 000（元）；

应纳增值税进项税额 =300 000 ×17% =51 000（元）。

（2）会计分录如下：

借：在途物资　　300 000

　　应交税费——应交增值税（进项税额）　　51 000

　　贷：银行存款　　351 000

（五）消费税出口退（免）税的计算及会计处理

1. 生产企业出口自产应税消费品的会计处理

生产企业出口自产的应税消费品，所选用的出口方式不同，其相关出口经济业务的会计处理就不相同。根据下面三种不同的货物出口方式，得出不同的会计处理方法：

（1）生产企业直接出口应税消费品的，按规定可以直接免缴出口环节消费税的，不计算应交消费税。

（2）生产企业委托外贸企业代理出口应税消费品时，生产企业应在计算消费税时，按应交消费税额借记“应收出口退税”科目，贷记“应交税费——应交消费税”科目。实际交纳消费税时，借记“应交税费——应交消费税”科目，贷记“银行存款”科目。应税消费品出口后收到外贸企业退回的税金，借记“银行存款”科目，贷记“应收出口退税”科目。发生退关退货补交已退的消费税，作相反的会计分录。

（3）企业将应税消费品销售给外贸企业，由外贸企业自营出口的，其计算出应缴纳的消费税时，借记“营业税金及附加”科目，贷记“应交税费——应交消费税”科目；纳税人实际向税务机关缴纳消费税时，借记“应交税费——应交消费税”，贷记“银行存款”。

【例 2-18】　某化妆品厂生产 A 类化妆品并自营出口业务，2011 年 6 月出口外汇收入 45 000 美元；生产 B 类化妆品，委托外贸企业代理出口，离岸价 25 000 美元，另应支付代理手续费 12 000 元，外汇汇率 1∶7。代理出口的货物有 10% 发生退货，8 月收到货款并支付手续费，9 月收到退回的消费税款。

该项经济业务的相关计算及会计处理如下。

(1) 自营出口A类化妆品：

	借方	贷方
借：应收账款	315 000	
贷：主营业务收入		315 000

(2) 委托外贸企业代理出口B类化妆品：

应退消费税 =25 000×7×30% =52 500（元）。

	借方	贷方
借：应收账款	175 000	
贷：主营业务收入		175 000
借：应收出口退税	52 500	
贷：应交税费——应交消费税		52 500

(3) 发生出口退回时：

	借方	贷方
借：主营业务收入	17 500	
贷：应收帐款		17 500
借：应交税费——应交消费税	5 250	
贷：应收出口退税		5 250

(4) 收到货款时支付手续费：

	借方	贷方
借：银行存款	460 500	
销售费用	12 000	
贷：应收账款		472 500

(5) 收到退税款时：

	借方	贷方
借：银行存款	47 250	
贷：应收出口退税		47 250

2. 外贸企业购进应税消费品直接出口的退税计算和会计处理

根据《消费税暂行条例》的相关规定。外贸企业购进的应税消费品直接出口实行退税，即为避免重复征税，外贸企业在将购进的应税消费品直接进行出口时，可向税务机关申请退税。依据外贸企业购进货物的属性不同，计算应退消费税税款所利用的方法也不相同。有以下两种情况：

（1）外贸企业购进应税消费品直接出口属于从量定额计征消费税的应税消费品，应依照货物购进和报关出口的数量计算应退消费税税款，其计算公式为：

应退消费税税款 = 出口数量 × 定额税率

（2）外贸企业购进应税消费品直接出口属于从价定率计征消费税的应税消费品，应依据外贸企业从生产企业购进应税消费品的价格计算应退消费税税款，其计算公式为：

应退消费税税款 = 出口货物工厂的销售额 × 比例税率

公式中“出口货物工厂的销售额”是指不包括增值税的收购金额即为购买此项应税消费品所支付的全部款项（不含增值税），对含增值税的价格，应换算为不含增值税的销售额或收购金额计算。

【例 2-19】 甲进出口公司从乙企业购进一批化妆品，由其自营出口。取得增值税专用发票上注明价款为 360 万元，当月全部报关出口后，向税务机关申请退税，已收到税务机关的退税款。出口报关价 370 万元，化妆品消费税税率为 30%，化妆品的出口退税率为 15%。

甲进出口公司该项经济业务的相关计算及会计处理如下：

出口化妆品应退消费税 = 360 × 30% = 108（万元）；

出口化妆品应退增值税 = 360 × 15% = 54（万元）。

（1）进出口公司申请退税时：

借：应收出口退税	1 620 000	
贷：主营业务成本		1 080 000
应交税费——应交增值税（出口退税）		540 000

（2）收到税务机关退税时：

借：银行存款	1 620 000	
贷：应收出口退税		1 620 000

第四节　消费税的纳税申报

一、纳税义务发生时间

纳税人生产的应税消费品于销售时纳税，进口消费品应当于应税消费品报关进口环节纳税，但金银首饰、钻石及饰品在零售环节纳税。消费税纳税义务发生的时间，以贷款结算方式或行为发生时间分别确定。如表 2-5 所示。

表 2-5　消费税纳税义务发生时间

项　目	纳税义务发生时间
销售应税消费品	纳税人采取赊销和分期收款结算方式的，其纳税义务的发生时间，为销售合同规定的收款日期的当天
	纳税人采取预收货款结算方式的，其纳税义务的发生时间，为发出应税消费品的当天
	纳税人采取托收承付和委托银行收款方式销售的应税消费品，其纳税义务的发生时间，为发出应税消费品并办妥托收手续的当天
	纳税人采取其他结算方式的，其纳税义务的发生时间，为收讫销售款或者取得索取销售款的凭据的当天
自产自用应税消费品	纳税人自产自用的应税消费品，其纳税义务的发生时间，为移送使用的当天
委托加工应税消费品	纳税人委托加工的应税消费品，其纳税义务的发生时间，为纳税人提货的当天
进口应税消费品	纳税人进口的应税消费品，其纳税义务的发生时间，为报关进口的当天

二、消费税纳税期限

纳税人的具体纳税期限，由主管税务机关根据纳税人应纳税额的大小分别核定，不能按照固定期限纳税的，可以按次纳税。具体规定如表 2-6 所示。

表 2-6　消费税纳税期限

消费税纳税期限	消费税的纳税期限分别为 1 日、3 日、5 日、10 日、15 日、1 个月或者 1 个季度
	纳税人的具体纳税期限，由主管税务机关根据应纳税额的大小核定；不能按照固定期限纳税的，可以按次纳税
	纳税人以 1 个月或 1 个季度为一期纳税的，自期满之日起 15 日内申报纳税
	以 1 日、3 日、5 日、10 日、15 日为一个纳税期的，自期满之日起 5 日内预缴，于次月 1 ~ 15 日内申报并结清税款
	纳税人进口应税消费品，应当自海关填发海关进口消费税专用缴款书之日起 15 日内缴纳税款
	如果纳税人不能按照规定的纳税期限依法纳税，将按《税收征收管理法》的有关规定处理

三、消费税纳税地点

消费税纳税地点如表 2-7 所示。

表 2-7　消费税纳税地点

消费税纳税地点	纳税人销售的应税消费品，以及自产自用的应税消费品，除国家另有规定的外，应当向纳税人所在地或者居住地主管税务机关申报纳税
	委托个人加工的应税消费品，由委托方所在地或者居住地主管税务机关申报纳税。除此之外，由受托方所在地主管税务机关代收代缴消费税税款
	进口的应税消费品，由进口人或者其代理人向报关地海关申报纳税
	纳税人到外县（市）销售或者委托外县（市）代销自产应税消费品的，于应税消费品销售后，向机构所在地或者居住地主管税务机关申报纳税
	纳税人的总机构与分支机构不在同一县（市）的，应当分别向各自机构所在地的主管税务机关申报纳税；经财政部、国家税务总局或者其授权的财政、税务机关批准可向总机构所在地的主管税务机关申报纳税
	纳税人销售的应税消费品，因质量等原因退回时，经所在地主管税务机关批准后，可退还已征消费税，但不能自行直接抵减

四、纳税环节

消费税的纳税环节是指应税消费品从生产到消费的流转过程中，应当在哪个环节发生纳税义务。纳税人生产或者销售不同的应税消费品，其纳税环节也不相同。我国现行消费税实行价内税，采用一次课征制，即只征一道税，一般选择在应税消费品的生产、委托加工或进口环节缴纳。具体纳税环节的规定如下：

1. 生产环节

纳税人生产的应税消费品，直接进行销售的于销售时纳税。纳税人自产自用的应税消费品，用于连续生产应税消费品的不纳税；用于其他方面的，于移送使用时纳税。

委托加工的应税消费品，由受托方在向委托方交货时代收代缴。但委托个体经营者加工应税消费品的，一律于委托方收回后在委托方所在地缴纳。

委托加工收回的应税消费品用于连续生产应税消费品的，允许在计税时扣除其在委托加工环节缴纳的消费税税款，例如委托加工的化妆品为原料生产的化妆品，在委托加工时已交纳消费税，为避免重复征税，纳税人在最终销售化妆品时准予抵扣已缴纳的消费税；委托加工收回的应税消费品直接出售的，不再征收消费税。

众所周知消费税的最终承担者是消费者，消费品的纳税环节定在销售环节比较合适，但为了减少纳税人数量、降低征管费用、减少税款流失、保证税款及时上缴国库以及增加税负的隐蔽性，《消费税暂行条例》规定，将消费税的纳税环节定在生产环节进行征收。

2. 进口环节

进口应税消费品，由进口报关者于报关进口时纳税。

3. 零售环节

《消费税暂行条例》规定纳税人销售金银首饰所缴纳消费税的纳税环节改为零售环节进行征收。

4. 批发环节

卷烟消费税除生产环节征税外，从 2009 年 5 月 1 日起，增加一道批发环节。

五、报缴税款的方法

按照《消费税暂行条例》的相关规定，消费税纳税义务人依法向税务机关申报并缴纳税款的方法，由纳税人机构所在地主管税务机关根据不同情况来确定。

具体有以下几种：

（1）纳税人按期向税务机关填报纳税申报表，并填开纳税缴款书，向其所在地代理金库的银行缴纳税款。

（2）纳税人按期向税务机关填报纳税申报表，由税务机关审核后填发缴款书，按期缴纳。

（3）对会计核算不健全的小型企业，税务机关可根据其产销情况，按季或按年核定其应纳税额，分月缴纳。

纳税人在办理纳税申报时，如需办理消费税税款抵扣手续，除应按有关规定提供纳税申报所需资料外，还应当提供以下资料：

（1）外购应税消费品连续生产应税消费品的，提供外购应税消费品增值税专用发票（抵扣联）原件和复印件。

如果外购应税消费品的增值税专用发票属于汇总填开的，除提供增值税专用发票（抵扣联）原件和复印件外，还应提供随同增值税专用发票取得的由销售方开具并加盖财务专用章或发票专用章的销货清单原件和复印件。

（2）委托加工收回应税消费品连续生产应税消费品的，提供《代扣代收税款凭证》原件和复印件。

（3）进口应税消费品连续生产应税消费品的，提供《海关进口消费税专用缴款书》原件和复印件。

第一节　营业税概述

一、营业税的概念及特征

营业税是对在我国境内提供应税劳务、转让无形资产或者销售不动产的单位和个人，就是营业收入征收的一种税。营业税的特点有：

（1）总体税负水平较低；

（2）按行业设置税目税率；

（3）计算征收简便。

营业税的概念及特征如图3-1所示。

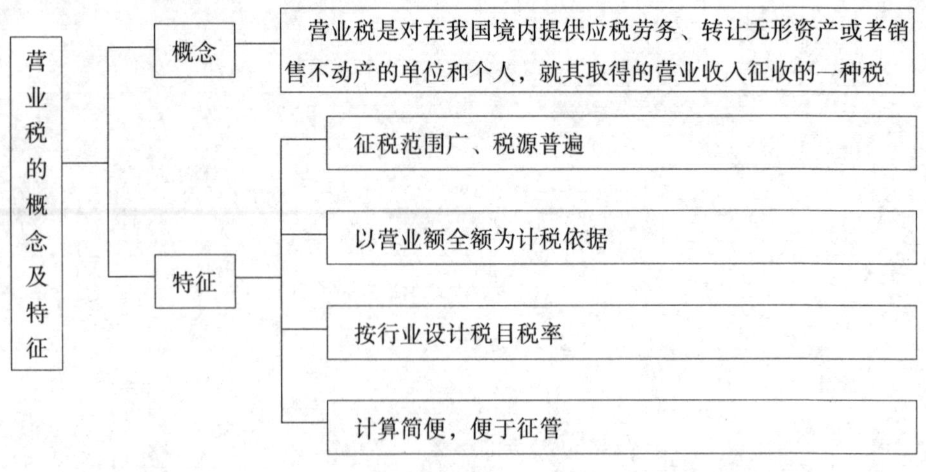

图3-1　营业税概念及特征

二、营业税的纳税义务人

营业税的纳税主体包括纳税义务人和扣缴义务人两类。

1. 纳税义务人

根据《营业税暂行条例》的规定，营业税的纳税义务人为在中华人民共和国境内提供应税劳务、转让无形资产或者销售不动产的单位和个人。

2. 扣缴义务人

为了控制税源，便于征管，除纳税人外，营业税还规定了扣缴义务人。具体规定如表3-1所示。

表3-1 营业税的纳税义务人

<table>
<tr><th>项 目</th><th colspan="2">规 定</th></tr>
<tr><td rowspan="6">纳税义务人</td><td rowspan="4">一般规定</td><td>提供或者接受应税劳务的单位或者个人在境内</td></tr>
<tr><td>所转让的无形资产（不含土地使用权）的接受单位或者个人在境内</td></tr>
<tr><td>所转让或者出租土地使用权的土地在境内</td></tr>
<tr><td>所销售或者出租的不动产在境内</td></tr>
<tr><td rowspan="2">特殊规定</td><td>单位以承包、承租、挂靠方式经营的，承包人发生应税行为，承包人以发包人名义对外经营并由发包人承担相关法律责任的，以发包人为纳税人；否则以承包人为纳税人</td></tr>
<tr><td>建筑安装业务实行分包或转包的，分包人或转包人为纳税人</td></tr>
<tr><td rowspan="6">扣缴义务人</td><td rowspan="2">提供建筑业应税劳务</td><td>建筑业工程实行总承包、分包方式的，以总承包人为扣缴义务人</td></tr>
<tr><td>纳税人从事跨地区（包括省、市、县，下同）工程提供建筑业应税劳务的，或者纳税人在劳务发生地没有办理税务登记或临时税务登记的，无论工程是否实行分包，均以建设单位和个人作为营业税的扣缴义务人</td></tr>
<tr><td colspan="2">委托金融机构发放贷款的，其应纳税款以受托发放贷款的金融机构为扣缴义务人</td></tr>
<tr><td colspan="2">单位或个人进行演出，由他人售票的，其应纳税款以售票者为扣缴义务人</td></tr>
<tr><td colspan="2">分保险业务，其应纳税款以初保人为扣缴义务人</td></tr>
<tr><td colspan="2">个人转让专利权、非专利技术、商标权、著作权、商誉的，其应纳税款以受让者为扣缴义务人</td></tr>
</table>

三、营业税税目

营业税的税目按行业、类别共设置了9个。具体设置如表3-2所示。

表3-2 营业税税目

税目	具体内容
1. 交通运输业	陆路运输：是指通过陆路（地上或地下）运送货物或旅客的运输业务，包括铁路运输、公路运输、缆车运输、索道运输及其他陆路运输
	水路运输：是指通过江、河、湖、川等天然、人工水道或海洋航道运送货物或旅客的运输业务
	航空运输：是指通过空中航线运送货物或旅客的运输业务。与航空直接有关的通用航空业务、航空地面服务业务也按照航空运输业务征税
	管道运输：是指通过管道设施输送气体、液体、固体物资的运输业务
	装卸搬运：是指使用装卸搬运工具或人力、畜力将货物在运输工具之间、装卸现场之间或运输工具与装卸现场之间进行装卸和搬运的业务
	凡与运营业务有关的各项劳务活动，均属交通运输业的税目征收范围，包括通用航空业务，航空地面服务，打捞，理货等
	对远洋运输企业从事程租、期租业务和航空运输企业从事湿租业务取得的收入，按“交通运输业”税目征收营业税
	自2005年6月1日起，对公路经营企业收取的高速公路车辆通行费收入统一减按3%的税率征收营业税
2. 建筑业	建筑：是指新建、改建、扩建各种建筑物、构筑物的工程作业
	安装：是指生产、动力、起重、运输、传动、医疗实验设备及其他各种设备的装配、安置工程作业
	修缮：是指对建筑物、构筑物进行修补、加固、养护、改善，使之恢复原来的使用价值或延长其使用期限的工程作业
	装饰：是指对建筑物、构筑物进行修饰，使之美观或具有特定用途的工程作业
	其他工程作业：是指除建筑、安装、修缮、装饰以外的各种工程作业
	管道煤气集资费（初装费）：是用于管道煤气工程建设和技术改造，在报装环节一次性向用户收取的费用
	自建自用建筑物，其自建行为不是建筑业税目的征税范围。出租或投资入股的自建建筑物，也不是建筑业的征税范围

（续表）

税目	具体内容
3. 金融保险业	金融：是指经营货币资金融通活动的业务，包括贷款、融资租赁、金融商品转让、金融经纪业和其他金融业务
	保险：是指将通过契约形式集中起来的资金，用以补偿被保险人的经济利益的活动
	对我国境内外资金融机构从事离岸银行业务，属于在我国境内提供应税劳务的，征收营业税
4. 邮电通信业	邮政：是指传递实物信息的业务，包括传递函件或包件（含快递业务）、邮汇、报刊发行、邮政物品销售、邮政储蓄及其他邮政业务
	电信：是指用各种电传设备传输电信号而传递信息的业务，包括电报、电传、电话、电话安装、电信物品销售及其他电信业务
5. 文化体育业	文化业：是指经营文化活动的业务，包括表演、播映、经营游览场所和各种展览、培训活动，举办文学、艺术、科技讲座、讲演、报告会，图书馆的图书和资料的借阅业务等
	体育业：是指举办各种体育比赛和为体育比赛或体育活动提供场所的业务
6. 娱乐业	娱乐业：是指为娱乐活动提供场所和服务的业务，包括经营歌厅、舞厅、卡拉 OK 歌舞厅、音乐茶座、台球、高尔夫球、保龄球场、游艺场等娱乐场所为顾客进行娱乐活动提供服务的业务
	娱乐场所为顾客提供的饮食服务及其他各种服务也按照娱乐业征税
7. 服务业	服务业是指利用设备、工具、场所、信息或技能为社会提供服务的业务，包括代理业、旅店业、饮食业、旅游业、仓储业、租赁业、广告业和其他服务业
	对远洋运输企业从事光租业务和航空运输企业从事干租业务取得的收入，按“服务业”税目中的“租赁业”项目征收营业税
	对福利彩票机构发行销售福利彩票取得的收入不征收营业税，对福利彩票机构以外的代销单位销售福利彩票取得的手续费收入应按规定征收营业税
	对社保基金投资管理人、社保基金托管人从事社保基金管理活动取得的收入，依照税法的规定征收营业税
	双方签订承包、租赁合同（协议，下同），将企业或企业部分资产出包、租赁，出包、出租者向承包、承租方收取的承包费、租赁费（承租费，下同）按“服务业”税目征收营业税
	出包方收取的承包费属于企业内部分配行为，不征收营业税

（续表）

税　目	具 体 内 容
	单位和个人在旅游景点经营索道取得的收入按“服务业”税目“旅游业”项目征收营业税
	交通部门有偿转让高速公路收费权行为，属于营业征收范围，应按“服务业”税目中的“租赁”项目征收营业税
	无船承运业务应按照“服务业”税目中的“代理业”项目征收营业税
	酒店产权式经营业主按照约定取得的固定收入和分红收入均应视为租金收入，根据有关税收法律、行政法规的规定，应按照“服务业”税目中的“租赁业”项目征收营业税
	对港口设施经营人收取的港口设施保安费，应按照“服务业”税目全额征收营业税
	单位和个人受托种植植物、饲养动物的行为，应按照营业税“服务业”税目征收营业税
8. 转让无形资产	转让无形资产：是指转让无形资产的所有权或使用权的行为，包括转让土地使用权、转让商标权、转让专利权、转让非专利技术、转让著作权和转让商誉
	以无形资产投资入股，参与接受投资方的利润分配、共同承担投资风险的行为，不征收营业税。在投资后转让其股权的也不征收营业税
9. 销售不动产	销售不动产：是指有偿转让不动产所有权的行为，包括销售建筑物或构筑物和销售其他土地附着物。在销售不动产时连同不动产所占土地的使用权一并转让的行为，比照销售不动产征收营业税
	以不动产投资入股，参与接受投资方利润分配、共同承担投资风险的行为，不征营业税。在投资后转让其股权的也不征收营业税
	单位或者个人将不动产或者土地使用权无偿赠送其他单位或者个人，视同发生应税行为按规定征收营业税
	单位或者个人自己新建（以下简称自建）建筑物后销售，其所发生的自建行为，视同发生应税行为按规定征收营业税

四、营业税税率

营业税的税率实行行业比例税率，具体规定如表 3-3 所示。

表 3-3 营业税税率

税目	税率
一、交通运输业	3%
二、建筑业	3%
三、金融保险业	5%
四、邮电通信业	3%
五、文化体育业	3%
六、娱乐业	5% ~20%
七、服务业	5%
八、转让无形资产	5%
九、销售不动产	5%

第二节 营业税的计算

一、营业额的确定

（一）营业税的计算

纳税人提供应税劳务、转让无形资产或者销售不动产，按照营业额全额和规定的税率计算应纳税额。

应纳营业税税额计算公式如下：

应纳营业税税额 = 营业额全额 × 税率

（二）营业额的确定及价外费用的内容

1. 营业额的确定

纳税人的营业额，为纳税人因向对方提供应税劳务、转让无形资产或者销售不动产而收取的全部价款和价外费用。

2. 价外费用的内容

价外费用包括向对方收取的手续费、补贴基金、集资费、返还利润、奖励费、违约金、滞纳金、延期付款利息、赔偿金、代收款项、代垫款项、罚息及其他各种性质的价外收费，凡价外费用，无论会计上如何核算，均应并入营业额计算纳税。

（三）营业额的核定

征收营业税的主管税务机关在根据营业税纳税义务人的营业额进行征收营业税时发现，纳税人提供应税劳务、转让无形资产或者销售不动产价格明显偏低而无正当理由的，主管税务机关有权按下列顺序核定其营业额：

（1）按纳税人当月提供的同类应税劳务或销售不动产的平均价格核定；

（2）按纳税人最近时期提供的同类应税劳务或销售的同类不动产的平均价格核定；

（3）按组成计税价格核定。

组成计税价格 = 营业成本或工程成本 ×（1 + 成本利润率）÷（1 – 营业税税率）

上述公式中的“成本利润率”，由省、自治区、直辖市地方税务局确定。

此外，单位和个人提供应税劳务、转让无形资产或销售不动产发生退款的，凡该项退款已征收过营业税的，允许退还已征税款。

单位和个人在提供营业税应税劳务、转让无形资产或销售不动产时，如果将价款与折扣额在同一张发票上注明的，以折扣后的价额为营业额；如果将折扣额另开发票的，无论在财务上如何核算，均应并入营业额征收营业税。

单位和个人转让其受让的土地使用权，应以全部收入减去土地使用权的受让原价后的余额为营业额；转让其抵债所得的土地使用权，应以全部收入减去抵债时的作价后的余额为营业额。

单位和个人销售或转让其购置的不动产，应以全部收入减去不动产的购置原价后的余额为营业额；销售其抵债所得的不动产，以全部收入减去抵债时的作价后的余额为营业额。

（四）外汇收入的营业额确定

纳税人因提供应税劳务、转让无形资产或销售不动产而取得的外汇收入在计算营业额时，应当按外汇市场价格折合成人民币计算。其营业额的人民币折合率可以选择营业额发生的当天或当月1日的国家外汇牌价（原则上为中间价）。金融业按照实际收到外汇的当天或当季末人民银行公布的基准汇率折算；保险业按照实际收到外汇的当天或当月末人民银行公布的基准汇率折算。

二、确定营业额的具体规定

（一）交通运输业

交通运输业是指使用运输工具或人力、蓄力将货物或旅客送达目的地，使其空间位置得到转移的业务活动。

交通运输业的征收范围包括：铁路运输业、公路运输业、水上运输业、航空运输业、管道运输业、其他交通运输业和交通运输辅助业。

（1）交通运输业的营业额一般包括客运收入、货运收入、装卸搬运收入、其他运输业务收入和运输票价中包含的保险费收入以及随同票价、运价向客户收取的各种建设基金等。

（2）自我国境内运输旅客或者货物出境，在境外改由其他运输企业承运旅客或者货物，即我国采用运输工具将旅客或货物运至边境后，由国外的运输公司将旅客或货物接着运往目的地，以全程运费减去付给该承运企业的运费后的余额为营业额。

（3）联运业务，以实际取得的营业额为计税依据，即以收到的收入扣除支付给后续承运者的运费、装卸费、换装费等费用后的余额为计税营业额。

【例3-1】 2011年4月，某运营集团公司航空运输收入2 600 000元，远洋运输收入3 200 000元，陆路运输收入750 000元，装卸搬运收入350 000元，联运业务支出300 000元。

该公司的营业税额计算如下：

应纳营业税税额 =（2 600 000 + 3 200 000 + 750 000 + 350 000 − 300 000）× 3% = 198 000(元)。

（二）建筑业

建筑业就是建筑安装工程作业。

建筑业的征税范围包括：建筑、安装、修缮、装饰及其他工程作业。自建自用的房屋，不征收营业税。将自建的房屋对外出售，涉及建筑与销售不动产两个应税行为时，应按建筑业缴纳营业税，不按销售不动产征收营业税。

（1）建筑业的营业额为承包建筑、修缮、安装、装饰和其他工程作业取得的营业收入额，即建筑安装企业向建设单位收取的工程价款（即工程造价）及工程价款之外的各种费用。

（2）从事建筑、修缮、装饰工程作业，无论怎样结算，营业额均包括工程所用原材料及其他物资和动力的价款但不包括建设方提供的设备价款。从事安装工程作业，安装设备价值作为安装工程价值的，其营业额包括设备的价款。

（3）建筑业的总承包人将工程分包或者转包给他人的，以工程的全部承包额减去付给分包人或者转包人的价款后的余额为营业额。

（4）单位或个人自建建筑物后销售给本单位职工、单位（个人除外）或无偿赠送他人的属于应税自建行为，应当征收营业税，其自建行为的营业额由主管税务机关按前述规定顺序核定。

（5）采用清包工形式提供的装饰服务，按向客户实际收取的人工费、管理费和辅助材料费等收入（不含客户自行采购的材料价款和设备价款）为营业额。

清包工形式提供的装饰劳务是指，工程所需要的主要材料和设备由客户自行采购，纳税人只向客户收取人工费、管理费及辅助材料等费用的装饰劳务。

【例3-2】 2011年3月，北京A建筑工程总公司承包一段高速公路工程，工程预算价款6 400 000元，其中一处涵洞工程分包给B建筑股份有限公司，价款1 200 000元。该高速公路提前5天完工，并被评为全优工程，与建设单位结算价款并收到全优工程奖及抢工费500 000元。

则该公司所应缴纳的营业税计算如下：

应纳营业税税额＝（6 400 000－1 200 000＋500 000）×3% ＝171 000（元）。

（三）金融保险业

1. 金融业

金融是指经营货币资金和信用融通的行业，即以银行为中心的货币和信用的授受以及与之相联系的经济活动的总称。

金融业的征税范围包括：贷款、融资租赁、金融商品转让、信托业和其他金融业务。

（1）一般贷款业务以贷款利息收入全额为营业额（包括加息、罚息）；

（2）转贷业务以贷款利息收入减去借款利息支出后的余额为营业额。所谓转贷业务，就是将借入的款项贷给其他单位；

（3）金融企业从事融资租赁业务以纳税人向承租人收取的全部价款和价外费用（包括残值）减去出租方承担的出租货物的实际成本后的余额，以直线法折算出本期的营业额；

（4）金融商品转让业务以卖出价减去买入价后的余额为营业额；

（5）金融经济业务和其他金融业务以手续费类的全部收入为营业额（包括价外收取的代垫、代收代付费用加价等）。

2. 保险业

保险是指通过契约形式集中起来的资金，用以补偿被保险人的经济利益的业务。保险业的征税范围包括各种保险业务。

（1）保险业务的营业额为初保业务营业额的全部保费收入；储金业务营业额为储金的利息（即纳税人在纳税期内的储金平均余额乘以中国人民银行公布的一年期存款利率折算的月利率计算）。

（2）保险企业已经征收过营业税的应收未收保费，凡在财务会计制度规定的核算期内未收回的，允许从营业额中减除；若在会计核算期限以后收回的已冲减的应收未收保费，再并入当期营业额中。

（3）保险企业开展无赔偿奖励业务的，以投保人实际收取的保费为营业额。保险企业摊回分保费用不征营业税。

（4）保险企业取得的追偿款不征收营业税，对中国出口信用保险公司办理的出口信用保险业务和出口信用担保业务免征营业税。

（四）邮电通信业

邮政业务以提供传递函件或包件、邮汇、报刊发行、邮政物品销售、邮政储蓄、其他邮政业务的收入为营业额计算营业税。

（1）电信部门以集中受理方式为集团客户提供跨省的出租电信业务，由受理地区的电信部门按取得的全部价款减除分割给参与提供跨省电信业务的电信部门的价款后的差额为营业额计征营业税；对参与提供跨省电信业务的电信部门，按各自取得的全部价款为营业额计征营业税。

（2）邮政电信单位与其他单位合作，共同为用户提供邮政电信业务及其他服务并由邮政电信单位统一收取价款的，以全部收入减去支付给合作方价款后的余额为营业额。

（3）对中国电信集团公司将江苏、浙江、广东、上海等四省和其他地区电信业务资产重组上市时已经缴纳过的营业税的预收性质的收入，从递延收入中转出并确认为营业收入时，不再征收营业税。

（五）文化体育业

单位或个人进行演出，以全部票价收入或者包场收入减去付给提供演出场所的单位、演出公司或者经纪人的费用后的余额为营业额。文化体育业的征税范围包括表演、播放及其他文化业。

【例3-3】 2011年6月，某公园全月门票收入5 000元，组织大型武术表演和魔术表演全部票价收入240 000元，支付演员出场费和经纪人佣金150 000元。全月发生员工工薪支出45 000元。

该公园文化体育业税目应纳的营业税税额的计算如下：

应纳营业税（文化体育业税目）税额 = [5 000 + (240 000 - 150 000)] × 3% = 2 850(元)。

（六）娱乐业

娱乐业是指为人们进行娱乐活动提供场所的业务。

娱乐业的征收范围包括：歌厅、舞厅、音乐茶座、台球、高尔夫球、保龄球场、网吧等娱乐场所。

娱乐业的营业额为经营娱乐业向顾客收取的各项费用，包括门票收费、台位费、点歌费、烟酒和饮料收费及经营娱乐业的其他各项收费。

对于中国境外单位或者个人在境外向境内单位和个人提供的娱乐业务不征收营业税。

（七）服务业

服务业是指利用设备、工具、场所、信息或技能等为社会提供服务的业务。

服务业的征税范围包括：代理业、旅游业、旅店业、饮食业、仓储业、租赁业、广告业及其他服务业。

（1）服务业一般以收入全额为营业额。

（2）旅游企业带领组团到境外旅游，在境外改由其他企业接团，以全程旅费减去付给接团企业旅游费后的余额为营业额。

（3）旅游业务以全部收费减去为旅游者支付的食宿、交通、门票及其他代付费用后的余额为营业额。

（4）代理业的营业额为向委托方实际收取的报酬。

（5）广告代理业的营业额为对方支付的收入全额减去付给广告发布者的广告发布费后的余额。

（6）物业管理企业代有关部门收取费用的以代理手续费收入为营业额。

（7）拍卖行以向委托方收取的手续费为营业额。

（八）转让无形资产和销售不动产

1. 转让无形资产

转让无形资产是指纳税人转移无形资产的所有权和使用权而取得经济利益的行为。

转让无形资产的征税范围包括：转让土地使用权、转让商标权、转让专利权、转让非专利技术、转让著作权、转让商誉。

转让无形资产的营业额为转让无形资产所取得的转让额，包括受让方支付给转让方的全部货币、实物和其他经济利益。转让方收取实物或其他经济利益时，由税务机关核定其货币价值，据以作为计税依据。对经国家版权局注册登记，在销售时一并转让著作权、所有权的计算机软件，按转让收入征收营业税。

2. 销售不动产

销售不动产指有偿转让不动产所有权的行为。

销售不动产的征税范围包括：销售建筑物或构建物、销售其他土地附着物。

单位和个人销售或转让其购置的不动产或受让的土地使用权，以全部收入减去不动产或土地使用权的购置或受让原价后的余额为应税营业额。单位和个人销售或转让抵债所得的不动产、土地使用权的，以全部收入减去抵债时该项不动产或土地使用权作价后的余额为应税营业额。

此外，个人转让住房分为普通住房和非普通住房。个人将购买不足5年的住房对外销售全额征收营业税；个人将购买超过5年（含5年）的符合普通住房标准的住房对外销售，免征营业税；个人将购买超过5年（含5年）的不符合普通住房标准的住房对外销售，按其售房收入减去购买房屋的价款后的余额征收营业税。

三、特殊经营行为规定

（一）兼营不同税目的应税行为

纳税人同时兼营不同税目的应税行为，其适用税率不相同，应当分别核算不同税目的营业额，然后按核算出来的各自的营业额和适用税率分别计算应纳税额，最终纳税人应向税务机关缴纳的营业税是先前计算出来的各个应税项目所应缴纳的营业额之和；未分别核算的，将从高适用税率计算应纳税额。纳税人兼营免税、减税项目的，应当单独核算减税、免税项目的营业额；未单独核算营业额的，不得免税、减税。

（二）混合销售行为

混合销售行为是指营业税纳税义务人的销售行为中既包括应税劳务又包括货物。从事货物的生产、批发或零售的企业、企业性单位及个体经营者的混合销售行为，视同销售货物，不征收营业税；其他单位和个人的混合销售行为，视为提供应税劳务。

注意：如果纳税人的混合销售行为是销售货物与运输劳务，则不论各自所占比例多大，一律按增值税计税，不单独计征营业税。

（三）兼营非应税项目的应税行为

纳税人既经营属于营业税范围的项目，又经营属于增值税范围的货物，比如宾馆，在提供住宿、餐饮的同时，又在宾馆内开设商品部，前者属于应税劳务，后者属于增值税计税范围。对此，企业应分别核算营业额和销售额，并按营业额和销售额与相应的适用税率分别计算应纳税额。若不能分别核算或者不能准确核算，则一并征收增值税，不征收营业税。

第三节　营业税的会计处理

一、会计科目设置

为保证企业能够准确合理的对营业税进行核算，在企业发生需缴纳营业税的经济业务时设置“应交税费——应交营业税”明细科目。该科目采用“三栏式”账页进行登记，贷方登记按规定应缴纳的营业税，借方登记实际缴纳的营业税；期末贷方余额表示欠缴的营业税，借方余额表示多缴的营业税。

营业税是价内税，一般情况下，企业在发生涉及营业税的经济业务计算应缴纳的营业税时，借记“营业税金及附加”、“固定资产清理”等科目，贷记“应交税费——应交营业税”。实际向税务机关缴纳营业税时，借记“应交税费——应交营业税”科目，贷记“银行存款或库存现金”科目。

“营业税金及附加”科目是一个损益类科目，用来核算应由销售产品、提供劳务等负担的营业税金及附加，包括消费税、营业税、城市维护建设税和教育费附加等。期末，应将“营业税金及附加”科目余额，转入“本年利润”科目。结转后“营业税金及附加”科目应无余额。

二、会计处理

1. 提供应税劳务的会计处理

借：营业税金及附加

　　贷：应交税费——应交营业税

【例3-4】 某超市系一般纳税人，2011年6月，销售商品收入7 020 000元（含增值税），餐饮收入250 000元，歌厅收入80 000元，摄影展览收入60 000元。上述业务分别核算，全部款项已存入银行。

该项经济业务的相关计算及会计处理如下。

（1）确认商品销售收入时：

借：银行存款　　　　7 020 000

贷：主营业务收入 6 000 000

应交税费——应交增值税（销项税额） 1 020 000

（2）确认其他收入时：

其他收入额 = 250 000 + 80 000 + 60 000 = 390 000（元）。

借：银行存款 390 000

贷：其他业务收入 390 000

（3）计提营业税金时：

应纳营业税税额 = 250 000 × 5% + 80 000 × 20% + 60 000 × 3% = 30 300（元）。

借：营业税金及附加 30 300

贷：应交税费——应交营业税 30 300

2. 销售不动产（房地产开发企业除外）的会计处理

销售不动产的性质不同其会计处理也不同：

（1）销售不动产（房地产开发企业除外）的会计处理。

借：固定资产清理

贷：应交税费——应交营业税

【例3-5】 甲公司因资金周转困难，将其一房屋转让给另一公司，作价12 000 000元，该不动产的账面价值为24 000 000元，已累计折旧18 000 000元，清理费用支出45 000元。

相关会计处理如下。

（1）不动产转为固定资产清理：

借：固定资产清理 6 000 000

累计折旧 18 000 000

贷：固定资产 24 000 000

（2）收到转让收入时：

借：银行存款 12 000 000

贷：固定资产清理 12 000 000

（3）发生清理费用时：

借：固定资产清理 45 000

贷：银行存款 45 000

(4) 计提营业税时：

应交营业税额 = 12 000 000 × 5% = 600 000（元）。

借：固定资产清理　600 000

　　贷：应交税费——应交营业税　600 000

(5) 结转处置收益：

借：固定资产清理　5 355 000

　　贷：营业外收入　5 355 000

（2）房地产开发企业是经营房地产买卖业务的企业，其从事房地产开发、销售及提供劳务而取得的经营收入，应计算缴纳营业税。

借：营业税金及附加

　　贷：应交税费——应交营业税

（3）由于房地产开发企业以预售房地产为其主要业务，所以税务机关对其税款缴纳办法采用按预先收到货款时预缴营业税，在资产负债表上表现为负债“未交税金”的负数，待确认收入时再作“营业税金及附加”。

①预收货款时：

借：银行存款

　　贷：预收账款

②每次预缴税款时：

借：应交税费——应交营业税

　　贷：银行存款

③确认收入时：

借：银行存款

　　预收账款

　　贷：主营业务收入

借：营业税金及附加

　贷：应交税费——应交营业税

3. 销售无形资产的会计处理

借：银行存款

　　无形资产减值准备

　　贷：无形资产

　　　　应交税费——应交营业税

营业外收入

4. 其他企业提供应税劳务的会计处理

（1）代购代销收入应缴纳的营业税。

借：其他业务成本

　　贷：应交税费——应交营业税

（2）建筑业企业按规定为纳税人（分包人或转包人）代扣的营业税。

借：应付账款——分包人或转包人

　　贷：应交税费——应交营业税

（3）金融企业接受其他企业委托发放贷款代扣代缴营业税。

借：应付账款——应付委托贷款利息

　　贷：应交税费——应交营业税

5. 缴纳营业税的会计处理

借：应交税费——应交营业税

　　贷：银行存款或库存现金

【例 3-6】 甲房地产企业销售一栋商品房给乙公司，房屋售价 18 000 000 元。

此项经济业务的会计处理如下。

（1）取得收入时：

借：银行存款	18 000 000	
贷：主营业务收入		18 000 000

（2）计提营业税时：

借：营业税金及附加	900 000	
贷：应交税费——应交营业税		900 000

【例3-7】 2011 年5 月，乙公司出售一项专利权，账面原值6 000 000 元，累计摊销 3 500 000 元，已计提减值准备 450 000 元，取得出售收入 3 000 000 元，已存入银行。同时，出租一项商标权，取得租金收入 850 000 元，已存入银行。

相关计算及会计处理如下。

（1）出售专利权，并计提应缴营业税时：

应纳营业税税额 =3 000 000 ×5% =150 000（元）。

借：银行存款　　3 000 000
　　累计摊销　　3 500 000
　　无形资产减值准备　　450 000
　　贷：无形资产　　6 000 000
　　　　应交税费——应交营业税　　150 000
　　　　营业外收入　　800 000

（2）出租商标权取得租金，并计提应缴营业税时：

应纳营业税税额 = 850 000 × 5% = 42 500（元）。

借：银行存款　　850 000
　　贷：其他业务收入　　850 000

借：营业税金及附加　　42 500
　　贷：应交税费——应交营业税　　42 500

第四节　营业税的纳税申报

一、营业税纳税义务发生时间

一般规定，营业税纳税义务发生时间为纳税人提供应税劳务、转让无形资产或者销售不动产并收讫营业收入款项或者取得索取营业收入款项凭据的当天。

营业税纳税义务发生时间如表 3-4 所示。

表 3-4　营业税纳税义务发生时间

项　目	纳税义务发生时间
转让土地使用权或者销售不动产	转让土地使用权或者销售不动产，采用预收款方式的，其纳税义务发生时间为收到预收款的当天
提供建筑业或者租赁业劳务	纳税人提供建筑业或者租赁业劳务，采取预收款方式的，其纳税义务发生时间为收到预收款的当天
新建建筑物后销售	单位或者个人自己新建建筑物后销售，其自建行为的纳税义务发生时间，为其销售自建建筑物并收讫营业额或者取得索取营业额凭据的当天

（续表）

项　　目	纳税义务发生时间
无偿赠送不动产或土地使用权	纳税人将不动产或者土地使用权无偿赠送其他单位或者个人的，其纳税义务发生时间为不动产所有权、土地使用权转移的当天
会员费、席位费和资格保证金	会员费、席位费和资格保证金纳税义务发生时间为会员组织收讫会员费、席位费、资格保证金和其他类似费用款项或者取得索取这些款项凭据的当天
代扣代缴	扣缴税款义务发生时间为扣缴义务人代纳税人收讫营业收入款项或者取得索取营业收入款项凭据的当天
建筑业务	纳税人提供建筑业应税劳务，施工单位与发包单位签订书面合同，如合同明确规定付款（包括提供原材料、动力及其他物资，不含预收工程价款）日期的，按合同规定的付款日期为纳税义务发生时间
	纳税人提供建筑业应税劳务，施工单位与发包单位签订书面合同，合同未明确付款（同上）日期的，其纳税义务发生时间为纳税人收讫营业收入款项或者取得索取营业收入款项凭据的当天
	预收工程价款纳税义务发生时间为工程开工后，主管税务机关根据工程进度按月确定的纳税义务发生时间
	纳税人提供建筑业应税劳务，施工单位与发包单位未签订书面合同的，其纳税义务发生时间为纳税人收讫营业收入款项或者取得索取营业收入款项凭据的当天
	纳税人自建建筑物，其建筑业应税劳务的纳税义务发生时间为纳税人销售自建建筑物并收讫营业收入款项或取得索取营业收入款项凭据的当天
	建设方为扣缴义务人的，其扣缴义务发生时间为扣缴义务人支付工程款的当天
	总承包人为扣缴义务人的，其扣缴义务发生时间为扣缴义务人代纳税人收讫营业收入款项或者取得索取营业收入款项凭据的当天
贷款业务	金融企业发放的贷款逾期（含展期）90 天（含 90 天）尚未收回的，纳税义务发生时间为纳税人取得利息收入权利的当天
	原有的应收未收贷款利息逾期 90 天以上的，该笔贷款新发生的应收未收利息，其纳税义务发生时间均为实际收到利息的当天
融资租赁业务	融资租赁业务纳税义务发生时间为取得租金收入或取得索取租金收入价款凭据的当天
金融商品转让业	金融商品转让业务，纳税义务发生时间为金融商品所有权转移之日

（续表）

项　　目	纳税义务发生时间
金融经纪业和其他金融业务	金融经纪业和其他金融业务，纳税义务发生时间为取得营业收入或取得索取营业收入价款凭据的当天
保险业务	保险业务纳税义务发生时间为取得保费收入或取得索取保费收入价款凭据的当天
金融企业承办委托贷款业务	金融企业承办委托贷款业务营业税的扣缴义务发生时间，为受托发放贷款的金融机构代委托人收讫贷款利息的当天
销售有价电话卡	电信部门销售有价电话卡的纳税义务发生时间，为售出电话卡并取得售卡收入或取得索取售卡收入凭据的当天
提供应税劳务、转让专利权、非专利技术、商标权、著作权和商誉	单位和个人提供应税劳务、转让专利权、非专利技术、商标权、著作权和商誉时，向对方收取的预收性质的价款（包括预收款、预付款、预存费用、预收定金等，下同），其营业税纳税义务发生时间以按照财务会计制度的规定，该项预收性质的价款被确认为收入的时间为准

二、营业税纳税期限

纳税人的具体纳税期限，由主管税务机关根据纳税人应纳税额的大小分别核定；不能按照固定期限纳税的，可以按次纳税。

营业税纳税期限如图 3-2 所示。

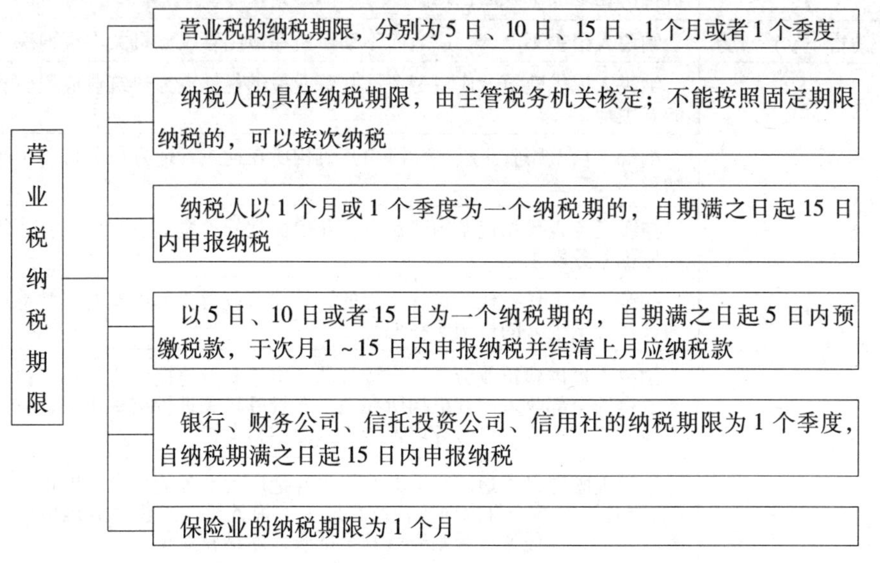

图 3-2　营业税纳税期限

三、营业税纳税地点

营业税的纳税地点是根据纳税人的不同情况和便于税收征管的原则确定的，具体规定如表3-5所示。

表3-5　营业税纳税地点

项　目	纳税地点
提供应税劳务	纳税人提供应税劳务，应当向应税劳务发生地的主管税务机关申报纳税
	纳税人提供的应税劳务发生在外县（市），应向应税劳务发生地的主管税务机关申报纳税
	纳税人提供的应税劳务发生在外县（市），如未向应税劳务发生地申报纳税的，由其机构所在地或者居住地主管税务机关补征税款
从事运输业务	纳税人从事运输业务的，应当向其机构所在地主管税务机关申报纳税
转让业务	纳税人转让土地使用权，应当向土地所在地主管税务机关申报纳税
	纳税人转让除土地使用权以外的其他无形资产，应当向其机构所在地的主管税务机关申报纳税
出租业务	单位和个人出租土地使用权、不动产的营业税纳税地点为土地、不动产所在地
	单位和个人出租物品、设备等不动产的营业税纳税地点为出租单位机构所在地或个人居住地
销售不动产业务	纳税人销售不动产，应当向不动产所在地主管税务机关申报纳税
建筑业	纳税人提供建筑业应税劳务，其营业税纳税地点为建筑业应税劳务的发生地
	纳税人从事跨省工程的，应向其机构所在地主管地方税务机关申报纳税
	扣缴义务人代扣代缴的建筑业营业税税款的解缴地点为该工程建筑业应税劳务发生地
	扣缴义务人代扣代缴跨省工程的，其建筑业营业税税款的解缴地点为被扣缴纳税人的机构所在地
	纳税人提供建筑业劳务，应按月就其本地和异地提供建筑业应税劳务取得的全部收入向其机构所在地主管税务机关进行纳税申报，就其本地提供建筑业应税劳务取得的收入缴纳营业税
	纳税人既提供本地应税劳务又提供异地应税劳务的，自应申报之月（含当月）起6个月内向机构所在地主管税务机关提供其异地应税劳务收入的完税凭证，否则应就其全部收入缴纳营业税

企业所得税

第一节　企业所得税概述

2007年3月16日全国人民代表大会第五次会议通过了《中华人民共和国企业所得税法》，并从2008年1月1日起实施。新企业所得税法，统一内外资企业税收政策待遇（统一税前扣除、统一适用税率、统一税收优惠），有利于企业创造公平竞争的税收环境；有利于促进经济增长方式的转变和产生结构升级；有利于促进区域经济的协调发展；有利于提高我国利用外资的质量和水平；有利于推动我国税制的现代化建设。

一、企业所得税的含义及特点

企业所得税的含义及特点如图4-1所示。

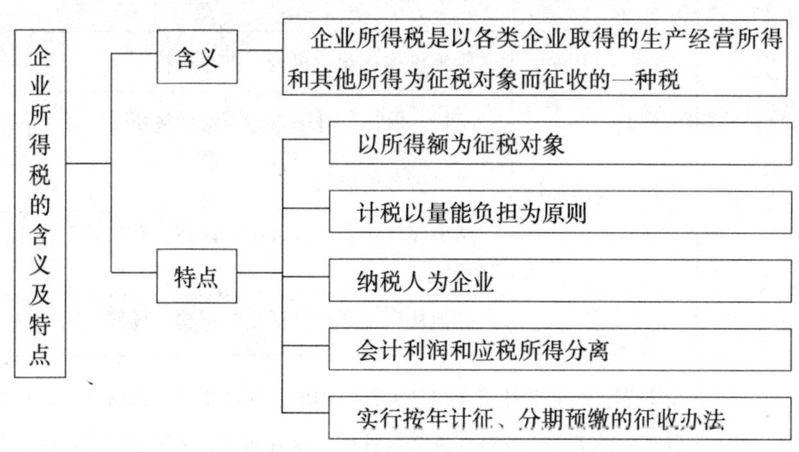

图4-1　企业所得税的含义及特点

二、企业所得税的纳税义务人

在中华人民共和国境内，企业和其他取得收入的组织（以下统称企业）为企业所得税的纳税义务人（不包括个人独资企业、合伙企业）。企业所得税的纳税人分为居民企业和非居民企业，这是确定纳税人是否负有全面纳税义务的基础。

企业所得税的纳税义务人如表 4-1 所示。

表 4-1　企业所得税的纳税义务人

<table>
<tr><th>纳税义务人</th><th colspan="2">具体内容</th></tr>
<tr><td rowspan="3">居民企业</td><td colspan="2">居民企业是指依法在中国境内成立，或者依照外国（地区）法律成立但实际管理机构在中国境内的企业</td></tr>
<tr><td colspan="2">企业包括国有企业、集体企业、私营企业、联营企业、股份制企业、外商投资企业、外国企业，以及有生产、经营所得和其他所得的其他组织</td></tr>
<tr><td colspan="2">个人独资企业和合伙企业缴纳个人所得税，不是企业所得税的纳税人</td></tr>
<tr><td rowspan="7">非居民企业</td><td colspan="2">非居民企业是指依照外国（地区）法律成立且实际管理机构不在中国境内，但在中国境内设立机构、场所的，或者在中国境内未设立机构、场所，但有来源于中国境内所得的企业</td></tr>
<tr><td rowspan="5">机构、场所包括</td><td>管理机构、营业机构、办事机构</td></tr>
<tr><td>工厂、农场、开采自然资源的场所</td></tr>
<tr><td>提供劳务的场所</td></tr>
<tr><td>从事建筑、安装、装配、修理、勘探等工程作业的场所</td></tr>
<tr><td>其他从事生产经营活动的机构、场所</td></tr>
<tr><td colspan="2">非居民企业委托营业代理人在中国境内从事生产经营活动的，包括委托单位或者个人经常代其签订合同，或者储存、交付货物等，该营业代理人视为非居民企业在中国境内设立的机构、场所</td></tr>
</table>

三、企业所得税的征税对象

企业所得税的征税对象是纳税人取得的所得。包括销售货物所得、提供劳务所得、转让财产所得、股息红利所得、利息所得、租金所得、特许权使用费所得、接受捐赠所得和其他所得。具体规定如表4-2和表4-3所示。

表4-2 企业所得税的征税对象

纳税人	征税对象	具体说明
居民企业	居民企业应就来源于中国境内、境外的所得作为征税对象	所得，包括销售货物所得、提供劳务所得、转让财产所得、股息红利等权益性投资所得、利息所得、租金所得、特许权使用费所得、接受捐赠所得和其他所得
非居民企业	非居民企业在中国境内设立机构、场所的，应当就其所设机构、场所取得的来源于中国境内的所得税为征税对象	发生在中国境外但与其境内所设机构、场所有实际联系的所得缴纳企业所得税
		非居民企业在中国境内未设立机构、场所的，就其来源于中国境内的所得缴纳企业所得
		非居民企业在境内设立机构、场所但取得的所得与其所设机构、场所没有实际联系的，就其来源于中国境内的所得缴纳企业所得税
		实际联系，是指非居民企业在中国境内设立的机构、场所拥有的据以取得所得的股权、债权、以及拥有、管理、控制据以取得所得的财产等

表4-3 企业所得税来源的确定

项　目	定　义	来源确定
销售货物所得	是指企业销售商品、原材料，包装物等所取得的收入	按照交易活动发生地确定
应税劳务所得	是指企业从事中介代理、交通运输、仓储租赁、咨询经纪、金融保险、修理修配等服务而取得的收入	按照劳务行为发生地确定

（续表）

项　目	定　义	来源确定
转让财产所得	包括转让固定资产、无形资产、股权、债权等取得的收入	不动产转让所得按照不动产所在地确定
		动产转让所得按照转让动产的企业或者机构、场所所在地确定
		权益性投资资产转让所得按照被投资企业所在地确定
股息、红利等权益性投资所得	是指企业因权益性投资而从被投资方企业取得的收益	按照分配所得的企业所在地确定
利息所得	是指企业将资金提供给他人使用但不构成权益性投资的所取得的收入，具体包括存款利息、贷款利息、债券利息、欠款利息等	按照负担或者支付所得的企业或者机构、场所所在地确定，负担或者支付所得的个人的住所所在地确定
租金所得	是指企业将包装物等对外出租而取得的租金收入	
特许权使用费所得	是指企业提供专利权、非专利技术、商标权、著作权等使用权而取得的收入	

四、企业所得税税率

企业所得税税率如表 4-4 所示。

表 4-4　企业所得税税率

种　类	税　率	备　注
基本税率	25%	适用于居民企业，在中国境内设有机构、场所且所得与机构、场所有关联的非居民企业
低税率	20% （实际征收按 10%）	适用于在中国境内未设立机构、场所的，或者虽设立机构场所但取得的所得与其机构没有关联的非居民企业
优惠税率	20%	小型微利企业
	15%	适用于国家重点扶持的高新技术企业

第二节　企业所得税的计算

一、应纳税所额的计算

（一）应纳税所得额的计算方法

应纳税所得额的计算方法如图 4-2 所示。

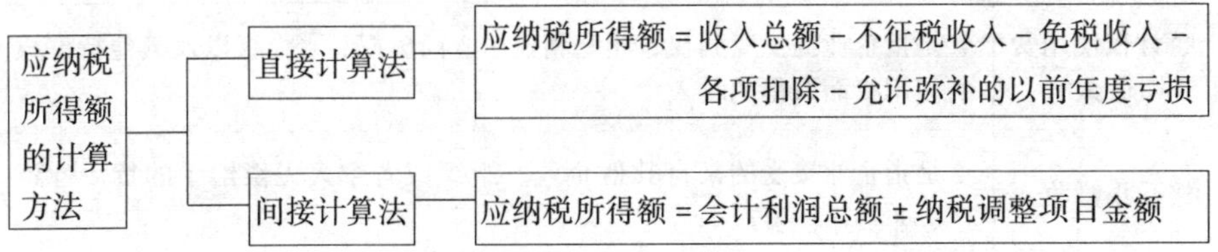

图 4-2　应纳税所得额的计算方法

（二）收入总额

收入总额的确认如表 4-5 所示。

表 4-5　收入总额的确认

项　　目	具 体 内 容
销售货物收入	是指企业销售商品、产品、原材料、包装物、低值易耗品以及其他存货取得的收入
劳务收入	是指企业从事建筑安装、修理修配、交通运输、仓储租赁、金融保险、邮电通信、咨询经纪、文化体育、科学研究、技术服务、教育培训、餐饮住宿、中介代理、卫生保健、社区服务、旅游、娱乐、加工以及其他劳务服务活动取得的收入
财产转让收入	是指企业转让固定资产、生物资产、无形资产、股权、债权等财产取得的收入

（续表）

项　目	具 体 内 容
股息、红利等权益性投资收益	是指企业因权益性投资从被投资方取得的收入。股息、红利等权益性投资收益，除国务院财政、税务主管部门另有规定外，按照被投资方做出利润分配决定的日期确认收入的实现
利息收入	是指企业将资金提供给他人使用但不构成权益性投资，或者因他人占用企业资金取得的利息收入，包括存款利息、贷款利息、债券利息、欠款利息等收入
租金收入	是指企业提供固定资产、包装物或者其他有形财产的使用权取得的收入
特许权使用费收入	是指企业提供专利权、非专利技术、商标权、著作权以及其他特许权的使用权而取得的收入
接受捐赠收入	是指企业接受的来自其他企业、组织或者个人无偿给予的货币性资产、非货币性资产
其他收入	包括企业资产溢余收入、逾期未退包装物押金收入、确实无法偿付的应付款项、已做坏账损失处理后又收回的应收款项、债务重组收入、补贴收入、违约金收入、汇兑收益等

（三）不征税收入

不征税收入包括财政拨款、财政补助、补贴等，具体如图 4-3 所示。

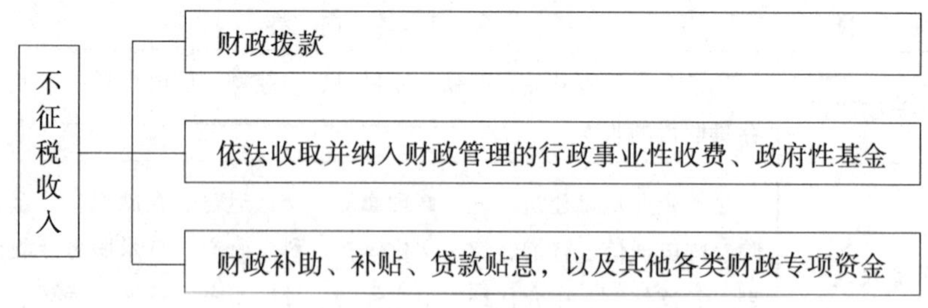

图 4-3　不征税收入

（四）免税收入

免税收入如表 4-6 的所示。

表 4-6　免税收入

项　　目	具 体 内 容
国债利息收入	企业因购买国债所得的利息收入，免征企业所得税
股息、红利等权益性投资收益	是指居民企业直接投资于其他居民企业取得的投资收益。在中国境内设立机构、场所的非居民企业从居民企业取得与该机构、场所有实际联系的股息、红利等权益性投资收益
非营利组织收入	接受其他单位或者个人捐赠的收入
	财政拨款以外的其他政府补助收入，但不包括因政府购买服务取得的收入
	按规定收取的会费
	不征税收入和免税收入孳生的银行存款利息收入

（五）扣除项目的标准

扣除项目的标准如表 4-7 所示。

表 4-7　扣除项目的标准

项　　目	具 体 内 容
工资薪金支出	企业发生的合理的工资薪金支出准予据实扣除
职工福利费、工会经费、职工教育费	企业发生的职工福利费支出，不超过工资薪金总额的 14% 的部分，准予扣除
	企业拨缴的工会经费不超过工资薪金总额的 2% 的部分准予扣除
	企业发生的职工教育经费支出，不超过工资薪金总额 25% 的部分，准予扣除，超过部分，准予以后纳税年度扣除
社会保险费	企业依照规定为职工缴纳的“五险一金”，准予扣除
	企业为投资者或者职工支付的补充养老保险费、补充医疗保险费，在国务院财政、税务主管部门规定的范围和标准内，准予扣除
	企业为投资者或者职工支付的商业保险费，不得扣除
利息费用	非金融企业向金融企业借款的利息支出、金融企业的各项存款利息支出和同业拆借利息支出、企业经批准发行债券的利息支出可据实扣除
	非金融企业向非金融企业借款的利息支出，不超过按照金融企业同期同类贷款利率计算的数额的部分可据实扣除，超过部分不许扣除
借款费用	企业在生产经营活动中发生的合理的不需要资本化的借款费用，准予扣除
业务招待费	企业发生的与其生产、经营业务有关的业务招待费支出，按照发生额的 60% 扣除，但最高不得超过当年销售（营业）收入的 5‰

（续表）

项　目	具 体 内 容
广告费和业务宣传费	企业发生的符合条件的广告费和业务宣传费支出，不超过当年销售（营业）收入15%的部分，准予扣除；超过部分，准予在以后纳税年度结转扣除
环境保护专项资金	企业依照法律、行政法规有关规定提取的用于环境保护、生态恢复等方面的专项资金，准予扣除。上述专项资金提取后改变用途的，不得扣除
保险费	企业参加财产保险，按照规定缴纳的保险费，准予扣除
租赁费	以经营租赁方式租入固定资产发生的租赁费支出，按照租赁期限均匀扣除
	以融资租赁方式租入固定资产发生的租赁费支出，按照规定构成融资租入固定资产价值的部分应当提取折旧费用，分期扣除
劳动保护费	企业发生的合理的劳动保护支出，准予扣除
公益性捐赠支出	企业发生的公益性捐赠支出，不超过年度利润总额12%的部分，准予扣除
有关资产的费用	企业转让各类固定资产发生的费用，允许扣除。企业按规定计算的固定资产折旧费、无形资产和递延资产的摊销费，准予扣除
总机构分摊的费用	非居民企业在中国境内设立的机构、场所，就其中国境外总机构发生的与该机构、场所生产经营有关的费用，能够提供总机构出具的费用汇集范围、定额、分配依据和方法等证明文件，并合理分摊的，准予扣除
资产损失	企业当期发生的固定资产和流动资产盘亏、毁损净损失，由其提供清查盘存资料经主管税务机关审核后，准予扣除
	企业因存货盘亏、毁损、报废等原因不得从销项税金中抵扣的进项税金，应视同企业财产损失，准予与存货损失一起在所得税前按规定扣除
其他扣除项目	依照有关法律、行政法规和国家有关税法规定准予扣除的其他项目，如会员费、合理的会议费、差旅费、违约金、诉讼费等

（六）不得扣除的项目

不得扣除的项目如表4-8所示。

表 4-8 不得扣除的项目

名称	具体内容
不得扣除的项目	向投资者支付的股息、红利等权益性投资收益款项
	企业所得税税款
	税收滞纳金，是指纳税人违反税收法规，被税务机关处以的滞纳金
	罚金、罚款和被没收财物的损失，是指纳税人违反国家有关法律、法规规定，被有关部门处以的罚款，以及被司法机关处以的罚金和被没收财物
	超过规定标准的捐赠支出
	赞助支出，是指企业发生的与生产经营活动无关的各种非广告性质支出
	未经核定的准备金支出，是指不符合国务院财政、税务主管部门规定的各项资产减值准备、风险准备等准备金支出
	企业之间支付的管理费、企业内营业机构之间支付的租金和特许权使用费，以及非银行企业内营业机构之间支付的利息，不得扣除
	与取得收入无关的其他支出

（七）弥补亏损

弥补亏损的定义及规定如图 4-4 所示。

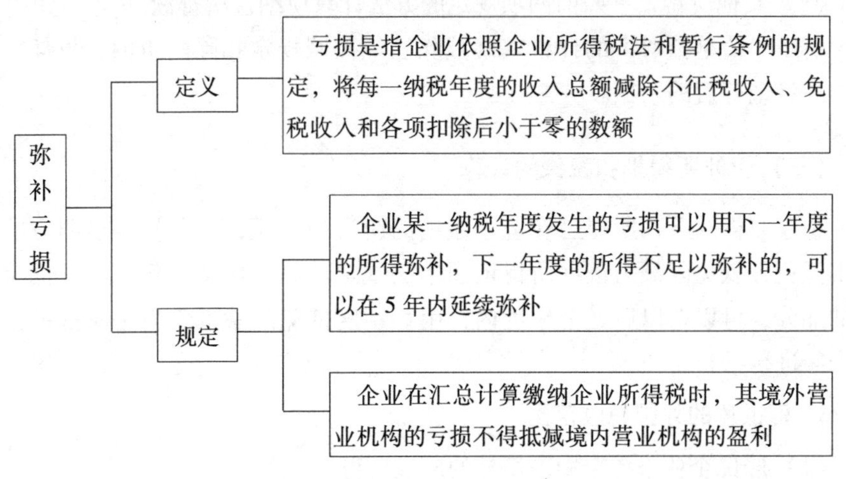

图 4-4 弥补亏损

二、应纳税所得额的计算

（一）居民企业应纳税所得额的计算

居民企业应纳税所得额的计算方法一般有两种。

1. 直接计算法

应纳税所得额＝收入总额－不征税收入－免税收入－各项扣除金额－弥补亏损

2. 间接计算法

应纳税所得额＝会计利润总额±税收调整项目金额

（二）非居民企业应纳税额的计算

对于在中国境内未设立机构、场所的，或者虽设立机构、场所但是取得的所得与其所设机构、场所没有实际联系的非居民企业的所得，按照下列方法计算应纳税所得额：

（1）股息、红利等权益性投资收益和利息、租金、特许权使用费所得，以收入全额为应纳税所得额。

（2）转让财产所得，以收入全额减除财产净值后的余额为应纳税所得额。

（3）其他所得，参照前两项规定的方法计算应纳税所得额。

财产净值是指财产的计税基础减除已经按照规定扣除的折旧、折耗、摊销、准备金等后的余额。

（三）境外所得抵扣税额的计算

企业取得的下列所得已在境外缴纳的所得税税额，可以从其当期应纳税额中抵免，抵免限额为该项所得依照本法规定计算的应纳税额；超过抵免限额的部分，可以在以后五个年度内，用每年度抵免限额抵免当年应抵税额后的余额进行抵补。

1. 可抵免的外国税收范围

（1）居民企业来源于中国境外的应税所得。

（2）非居民企业在中国境内设立机构、场所，取得发生在中国境外但与该机构、场所有实际联系的应税所得。

（3）抵免限额的计算：

抵免限额＝中国境内、境外所得依照企业所得税法和条例规定计算的应纳税总额×来源于某国（地区）的应纳税所得额÷中国境内、境外应纳税所得总额

2. 超过抵免部分的处理

所称五个年度，是指从企业取得的来源于中国境外的所得，已经在中国境外缴纳的企业所得税性质的税额超过抵免限额的当年的次年起连续五个纳税年度。

（四）企业应纳所得税额的计算

税法规定企业所得税采取“按年计算，分月或者分季预缴，年终汇算清缴，多退少补”的计算方法。

1. 按月（季）预缴所得税的计算方法

纳税人预缴所得税时，应当按纳税所得期限的实际数预缴，按实际数预缴有困难的，可以按上一年度应纳税所得额的1/12或1/14或者经当地税务机关认可的其他方法分期预缴所得税，预缴方法一经确定，不得随意改变。对境外投资所得可在年终汇算清缴。企业所得税的分月或者分季预缴，由主管税务机关根据纳税人应纳税额的大小，具体核定。

应纳所得税额＝月份、季度实际应纳税所得额或上一年度应纳税所得额的1/12或1/14×适用税率

2. 年终汇算清缴的所得税的计算

年终汇算清缴应补（退）所得税额＝全年应纳税所得额×适用税率－本年累计预缴所得税税额

（五）清算期应纳税额的计算

纳税人依法进行清算时，要对其清算终了后的清算所得，依法缴纳企业所得税。

清算所得应纳税额＝清算所得×适用税率

（六）核定征收应纳税额的计算

1. 核定征收企业所得税的范围

本办法适用于居民企业纳税人，纳税人具有下列情形之一的，核定征收企业所得税：

（1）依照法律、行政法规的规定可以不设置账簿的。

（2）依照法律、行政法规的规定应当设置但未设置账簿的。

（3）擅自销毁账簿或者拒不提供纳税资料的。

（4）虽设置账簿，但帐目混乱或者成本资料、收入凭证、费用凭证残缺不全，难以查账的。

（5）发生纳税义务，未按照规定的期限办理纳税申报，经税务机关责令限期申报，逾期仍不申报的。

（6）申报的计税依据明显偏低，又无正当理由的。

2. 应纳税额核定方法

（1）参照当地同类行业或者类似行业中经营规模和收入水平相近的纳税人的税负水平核定。

（2）按照应税收入额或成本费用支出额定率核定。

（3）按照耗用的原材料、燃料、动力等推算或测算核定。

（4）按照其他合理方法核定。

采用上述所列方法一种不足以正确核定应纳税所得额或应纳税额的，可以同时采用两种以上的方法核定。采用两种以上方法测算的应纳税额不一致时，可按测算的应纳税额从高核定。

3. 核定其应税所得率

（1）能正确核算（查实）收入总额，但不能正确核算（查实）成本费用总额的。

（2）能正确核算（查实）成本费用总额，但不能正确核算（查实）收入总额的。

（3）通过合理方法，能计算和推定纳税人收入总额或成本费用总额的。

纳税人不属于以上情形的，核定其应纳所得税额。

实行应税所得率方式核定征收企业所得税的纳税人，经营多业的，无论其经营项目是否单独核算，均由税务机关根据其主营项目确定适用的应税所得率。

4. 应纳税额的计算

采用应税所得率方式核定征收企业所得税的，应纳所得税额计算公式如下：

应纳所得税额 = 应纳税所得额 × 适用税率

应纳税所得额 = 应税收入额 × 应税所得率

或　应纳税所得额 = 成本（费用）支出额 ÷（1 − 应税所得率）× 应税所得率

应税所得率规定的幅度标准如表 4-9 所示。

表 4-9　应税所得率幅度标准

行　业	应税所得率（%）
农、林、牧、渔业	3 ~ 10
制造业	5 ~ 15
批发和零售贸易业	4 ~ 15
交通运输业	7 ~ 15
建筑业	8 ~ 20
饮食业	8 ~ 25
娱乐业	15 ~ 30
其他行业	10 ~ 30

纳税人的生产经营范围、主营业务发生重大变化，或者应纳税所得额或应纳税额增减变化达到 20% 的，应及时向税务机关申报调整已确定的应纳税额或应税所得率。

第三节　企业所得税的会计处理

一、企业所得税的账户设置

为保证企业发生的关于应纳企业所得税的经济业务得到真实记录，正确计算应纳企业所得税税款，企业应当设置有关所得税账户，对发生的每一笔经济业务及时准确的记录。

一般情况下，企业应设置“所得税费用”、“递延税款”和“应交税费——应交所得税”账户进行所得税核算。

（一）“应交税费——应交所得税”账户

该账户属于负债类账户，贷方核算当期按税法调整后的应纳税所得额乘以适用税率计算出的应纳所得税税额，借方核算实际缴纳的所得税，期末贷方或借方余额，反映尚未缴纳或多缴纳的所得税。

（二）“所得税费用”账户

该账户是损益类账户，用以核算企业按规定从本期损益中扣除的所得税费用。其借方发生额反映企业计入本期损益的所得税费用，贷方发生额反映转入“本年利润”账户的所得税费用。期末结转本年利润后，该账户无余额。

（三）“递延所得税资产”账户

该帐户属于资产类帐户，用以核算企业确认的可抵扣暂时性差异产生的所得税资产。其借方登记递延所得税资产增加额，贷方登记递延所得税资产减少额。期末借方余额为资产，表示将来可以少交的所得税金额。

（四）“递延所得税负债”帐户

该帐户属于负债类帐户，用以核算企业确认的应纳税暂时性差异产生的所得税负债。其贷方登记递延所得税负债增加额，借方登记递延所得税负债减少额。期末贷方余额为负债，表示将来应交的所得税金额。

二、企业所得税账务处理方法

（一）应付税款法

2006 年新准则颁发前，企业在进行所得税会计处理时，可以选择应付税款法或纳税影响会计法（包括递延法和债务法），这两种所得税会计处理方法都不影响本期应交所得税的计算和缴纳，即对国家所得税收入没有影响，差别在于企业财务报表中的“所得税”费用项目不同。

应付税款法是指将本期税前会计利润与应税所得之间产生的差异，直接计入当期损益，而不递延到以后各期的方法。企业在实务中采用应付税款法，在按照税法规定计算应交所得税的同时，以相同的数额确认所得税费用，即本期所得税费用等于应交所得税。但这样计算出来的所得税费用不是依据会计利润所应该负担的本期所得税费用，企业账面会计利润与应纳税所得额之间存在差异（包括永久性差异和暂时性差异），要按照税法的规定进行计算并调整，计算出应纳税所得额。

应付税款法的计算步骤如下：

（1）确定企业会计利润，即按照企业的会计核算制度计算出本期会计利润；

（2）根据企业所得税税法的相关规定，确定出各类需调整的差异额，包括永久性差异和暂时性差异；

（3）按照会计利润加、减纳税调整额，计算出本期企业的应纳税所得额；

（4）根据以上计算出来的应纳税所得额乘以适用税率，计算出企业本期应交所得税税额，并进行会计处理。

（二）纳税影响会计法

纳税影响会计法是将本期会计利润与纳税所得之间的暂时性差异造成的影响纳税的金额，递延和分配到以后各期。在采用纳税影响会计法时，所得税被视为企业在获得收益时发生的一种费用，并应随同有关的收入、费用计入同一期内，以达到收入和费用的配比。

纳税影响会计法又可分为递延法和债务法两种。在纳税影响会计法下的递延法和债务法两种处理方法中，递延法劣于债务法，现在许多国家都废除了递延法，而采用债务法。

纳税影响会计法中的债务法，又可分为利润表债务法和资产负债表债务法。改革后的《新企业会计准则》规定，所得税会计处理采用资产负债表债务法，这将更加有利于企业财务报表充分披露真实的与企业所得税有关的会计信息，也更加符合国际惯例。

1. 资产负债表债务法

资产负债表债务法即在资产负债表日，通过比较资产、负债等项目按照企业会计准则规定确定的账面价值与按照税法规定确定的计税基础之间的差异，即暂时性差异，将该差异的所得税影响确认为递延所得税资产或递延所得税负债，并在此基础上确定所得税费用。

对于资产负债表债务法定义中所说的递延所得税资产或递延所得税负债，应当根据税法规定，按照预期收回该资产或清偿该负债期间的适用税率计算。适用税率发生变化的，应对已确认的递延所得税资产或递延所得税负债进行重新计量，除直接在所有者权益中确认的交易或者事项产生的递延所得税资产或递延所得税负债以外，应当将其影响数计入变化当期的所得税费用。

2. 资产负债表债务法的计算步骤

（1）确定产生暂时性差异的项目。

企业通过比较资产和负债的账面价值与计税基础，来确定属于哪种暂时性差异。如果是属于可抵扣暂时性差异，则确认为递延所得税资产，并记入“递延所得税资产”账户；如果是属于应税暂时性差异，则确认为递延所得税负债，并记入“递延所得税负债”账户。

（2）确定各项存在暂时性差异的资产和负债在存续期间各期的暂时性差异。

（3）确定各期差异对纳税的影响，即将各年的暂时性差异乘以所得税税率，计算出当期期末的递延所得税资产和递延所得税负债的时点值。

（4）确定当期各项递延所得税资产和递延所得税负债的发生额。

（5）按税法规定计算出企业应缴纳的所得税税款，记入“应交税费——应交所得税”。

（6）确定本期“所得税费用”账户的借方或贷方余额。

3. 计税基础

由于企业是通过比较资产、负债的账面价值与计税基础来确认递延所得税资产与递延所得税负债及相应的递延所得税费用，因此，资产负债表债务法的关键在于确定资产、负债的计税基础。在确定资产、负债的计税基础时，应严格遵循税法中关于资产的税务处理以及可税前扣除费用等规定进行。计税基础分为资产的计税基础和负债的计税基础。

（1）资产的计税基础。

资产的计税基础，是指企业收回资产账面价值的过程中，计算应纳税所得额时按照税法规定可以自应税经济利益中抵扣的金额，即某一项资产在未来期间计税时可以税前抵扣的金额，也就是不需要缴税的资产价值。

资产的计税基础可用公式表示如下：

资产的计税基础 = 未来可税前扣除的金额

通常情况下，各项资产在取得时其入账价值（会计账面价值）与计税基础是相同的，只是在其后续计量过程中，因企业会计准则规定与税法规定不同，才可能产生资产的账面价值与其计税基础的差异。

（2）负债的计税基础。

负债的计税基础，是指未来可以扣税的负债价值，即负债的账面价值减去未来期间计算应纳税所得额时按照税法规定可予抵扣的金额。

【例4-1】 某企业销售商品后承诺提供三年的免费保修，按照会计准则规定，企业在销售商品的期间，在确认销售收入的同时，应估计该项保修义务的金额，并作为预计负债确认。

按照税法规定，有关的保修费用只有在实际发生时才能够从税前扣除。企业当期如果按照会计规定确认了12万元的预计负债，而该项保修义务预计在以后三年内发生，则按照税法规定，有关的保修费用在实际发生时可从税前扣除。

则该负债的计税基础为：12－12＝0（元）。

注意：计税基础实际上关键要掌握一个税前可以扣除的金额，不管是资产的计税基础还是负债的计税基础，都强调税前扣除这个概念。

4. 暂时性差异

暂时性差异是指从企业资产负债表出发进行分析，资产、负债的账面价值与其计税基础不同而存在的差异。

按照暂时性差异对纳税的影响，暂时性差异可分为应纳税暂时性差异和可抵扣暂时性差异。

（1）应纳税暂时性差异。

应纳税暂时性差异是指在确定未来收回资产或清偿负债期间的应纳税所得额时，将导致产生应税金额的暂时性差异。该差异在未来期间转回时，会增加转回期间的应纳税所得额，即在未来期间不考虑该事项影响的应纳税所得额的基础上，由于该暂时性差异的转回，会进一步增加转回期间的应纳税所得额和应交所得税金额。在该暂时性差异产生当期，应当确认相关的递延所得税负债。

应纳税暂时性差异通常产生于以下情况：

①资产的账面价值大于其计税基础。

一项资产的账面价值代表的是企业在持续使用及最终出售该项资产时会

取得的经济利益的总额，而计税基础代表的是一项资产在未来期间可予税前扣除的总金额。如果资产的账面价值大于其计税基础，表明该项资产未来期间产生经济利益流入时可以税前扣除的金额是其计税基础的相应的金额；而如果资产的账面价值大于计税基础部分不能税前抵扣，则两者之间的差额将会在未来期间增加应纳税所得额，以上所称的差异即为应纳税暂时性差异。

【例4-2】 某企业2009年12月购入一项环保设备，原价为2 000万元，使用年限为10年，会计处理时按照直线法计提折旧，税收处理允许加速折旧，企业在计税时对该项资产按双倍余额递减法计提折旧，无净残值。2011年12月，该企业对该项固定资产计提了120万元的固定资产减值准备。

则该项经济业务的相关计算如下：

账面价值 = 2 000 − 200 − 200 − 120 = 1 480（万元）；

计税基础 = 2 000 − 400 − 320 = 1 280（元）。

账面价值大于计税基础200万元，形成暂时性差异（应纳税）。

②负债的账面价值小于其计税基础。

一项负债的账面价值为企业预计在未来期间清偿该项负债时的经济利益流出，而其计税基础代表的是账面价值在扣除税法规定未来期间允许税前扣除的金额之后的差额。因负债的账面价值与其计税基础不同产生的暂时性差异实质上是税法规定就该项负债在未来期间可以税前扣除的金额，即与该项负债有关的费用支出（或收益）在未来期间可予税前扣除的金额。负债的账面价值小于其计税基础，则意味着该项负债在未来期间可以税前抵扣的金额为负数，即应在未来期间应纳税所得额的基础上调增，增加应纳税所得额和应交所得税金额，产生应纳税暂时性差异。

（2）可抵扣暂时性差异。

可抵扣暂时性差异是指在确定未来收回资产或清偿负债期间的应纳税所得额时，将导致产生可抵扣金额的暂时性差异。该差异在未来期间转回时会减少转回期间的应纳税所得额，减少未来期间的应交所得税。在可抵扣暂时性差异产生当期，符合确认条件时，应确认为相关的递延所得税资产。

可抵扣暂时性差异一般产生于以下情况：

①资产的账面价值小于其计税基础。

在某一会计期间，一项资产的账面价值小于其计税基础，表明资产在未来期间产生的经济利益少，而按照税法规定允许税前扣除的金额多，其差额会导致未来期间应纳税所得额的减少，减少数即为可抵扣暂时性差异。

②负债的账面价值大于其计税基础。

负债产生的暂时性差异实质上就是税法规定的此项负债在未来期间税前扣除的金额。在某一会计期间，一项负债的账面价值大于其计税基础，意味着按照税法规定其差额可以从未来应税经济利益中扣除，导致未来期间应纳税所得额的减少，减少数即为可抵扣暂时性差异。

第四节 企业所得税的纳税申报

一、企业所得税纳税地点

企业所得税纳税地点规定如表 4-10 所示。

表 4-10 企业所得税纳税地点

纳税人	纳税地点
居民企业	居民企业以企业登记注册地为纳税地点；但登记注册地在境外的，以实际管理机构所在地为纳税地点
	居民企业在中国境内设立不具有法人资格的营业机构的，应当汇总计算并缴纳企业所得税
非居民企业	在中国境内设立机构、场所的，应当就其所设机构、场所取得的来源于中国境内的所得，以及发生在中国境外但与其所设机构、场所有实际联系的所得，以机构、场所所在地为纳税地点
	在中国境内未设立机构、场所的，或者虽设立机构、场所但取得的所得与其所设机构、场所没有实际联系的所得，以扣缴义务人所在地为纳税地点

二、企业所得税纳税期限

企业所得税纳税期限如图 4-5 所示。

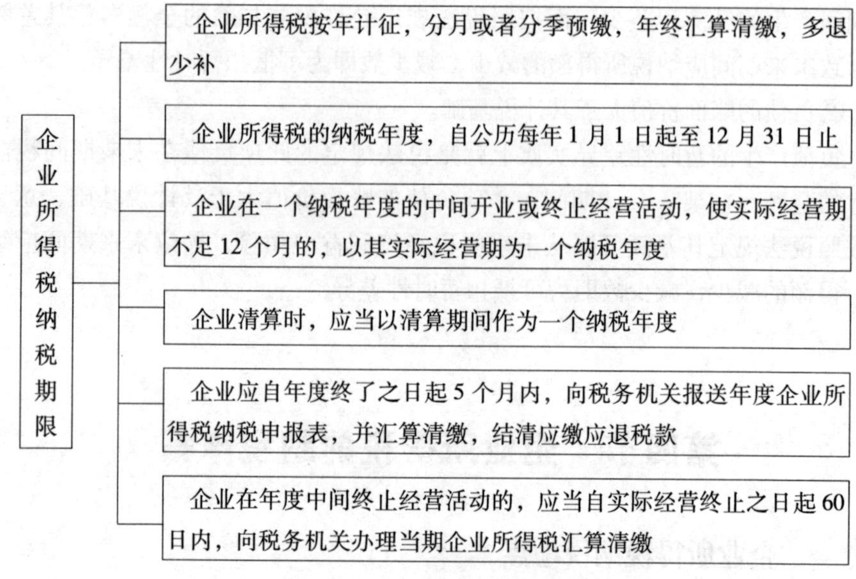

图4-5　企业所得税纳税期限

三、预缴

纳税人应当在月份或者季度终了后15天内，向其所在地主管税务机关报送会计报表和预缴所得税申报表，并在规定的纳税期限内预缴所得税。纳税人预缴所得税时，应当按纳税期限的实际数预缴。按实际数预缴有困难的，可以按上一年度应纳税所得额的1/2或1/4，或者经当地税务机关认可的其他方法分期预缴所得税。预缴方法一经确定，不得随意改变。对于纳税的境外投资所得，可在年终汇算时清缴。纳税人在纳税年度内，无论是盈利或亏损，均应按规定的期限办理纳税申报。

四、汇算清缴

汇算清缴，是指纳税人在纳税年度终了后四个月内，依照税收法律、法规、规章及其他有关所得税的规定，自行计算全年应纳税所得额和应纳所得额，根据月度或季度预缴所得税的数额，确定该年度应补或应退的数额，并填写“年度企业所得税纳税申报表”，向主管税务机关办理年度企业所得税纳税申报、提供税务机关要求提供的相关资料、结清全年所得税税款的行为。

（一）汇算清缴的具体规定

（1）实行查账征收和实行核定应税所得率征收企业所得税的纳税人，无论是否在减税、免税期间，盈利还是亏损，都应按照《企业所得税法实施条例》及其实施细则的规定进行汇算清缴。

（2）实行核定定额征收企业所得税的纳税人，不进行汇算清缴。

（3）纳税人12月份或者第四季度的企业所得税预缴纳税申报，应在纳税年度终了后15日内完成。

（4）纳税义务人除另有规定外，应在纳税年度终了后四个月内，向主管税务机关报送“企业所得税年度纳税申报表”和税务机关要求报送的其他相关资料，办理结清税款手续。

（二）年终汇算清缴的调整

由于纳税人的利润是以年度为单位计算的，因此以利润为计算基础的纳税所得也应以年度为单位。企业按期预缴所得税的，待年末确定出本年利润总额后，还应据此汇总计算本年的应纳所得税总额，并抵减年内已预缴的所得税。年末计算出来的应纳税款与已纳税款相等，则企业不必补纳或退回多纳税款；如果不相等，需办理多退少补税款的手续。企业年末计算出的应纳税款与年内已纳税款不一致的原因主要是会计收益构成项目的调整。

企业的纳税调整一般有两种情况：

第一种情况，由于有关法规规定（或要求）不同，使企业财务会计核算与税务会计核算不同；

第二种情况，由于纳税人计算差错或违规、违法导致企业年度应纳税额与年内已纳税额出现不相等。

由于企业采用的核算方法不同，其纳税调整的会计处理也不相同。

1. 平时使用应付税款法进行的纳税调整

在应付税款法下，当期税前会计利润与应税所得之间的差异造成的影响纳税的金额直接计入当期损益，而不递延到以后各期，使当期的应交所得税与所得税费用金额相等。因此，对调整的差异本身无须进行会计处理。

2. 年终汇算清缴的纳税调整

对企业本年度发生的以前年度损益调整事项，应通过“以前年度损益调整”账户调整本年利润，由此影响企业缴纳所得税的，若属于企业在年终所得税申报纳税前发生的资产负债表日后事项，所涉及的应纳所得税调整，应作为会计报告年度的纳税调整，通过“以前年度损益调整”账户调整本年利润；若属于企业在年终申报纳税汇算清缴后发生的资产负债表日后事项，所涉及的应纳所得税调整，应作为本年度的纳税调整，记入本年度的所得税费用。

【例4-3】 税务机关在2011年2月对某公司2010年所得税进行汇算清缴时，查出公司有超过税法限定标准的费用开支24万元。

该公司作如下会计处理。

(1) 反映以前年度损益调整时：

借：利润分配——未分配利润　　240 000

　　贷：以前年度损益调整　　240 000

(2) 应缴所得税时：

借：所得税费用　　60 000

　　贷：应交税费——应交所得税　　60 000

(3) 补缴所得税时：

借：应交税费——应交所得税　　60 000

　　贷：银行存款　　60 000

(4) 结转损益时：

借：以前年度损益调整　　240 000

　　贷：本年利润　　240 000

这样的会计处理方法，在2011年终计算当年应纳所得税时，往往需要使用“纳税调整减少额”来调整本年应纳税所得额。如果税率发生变化等，可能会造成多缴或少缴所得税。为了避免这种问题的发生，公司应将此纳税调整计入2011年的利润，而“所得税”则计入2010年，作为一种暂时性差异处理。因此，上述第二笔业务也可作如下会计处理：

借：递延所得税负债　　60 000

　　贷：应交税费——应交所得税　　60 000

在计算2010年应缴所得税时，假设该公司“本年利润”为60万元（实际上并不全是“本年”的），则作如下会计处理：

借：所得税费用　　　　　　　　　　210 000
　　贷：递延所得税负债　　　　　　　　60 000
　　　　应交税费——应交所得税　　　　150 000

“应交税费——应交所得税”账户的借贷方差额，即为公司2010年应退或应补缴的税款；如果所得税税率发生变动，按利润表债务法调整，企业应设置“递延税款”备查账簿。

五、源泉扣缴

（一）扣缴义务人

（1）对非居民企业在中国境内未设立机构、场所的，或者虽设立机构、场所但取得与其所设机构、场所没有实际联系的所得应缴纳的所得税，实行源泉扣缴，以支付人为扣缴义务人。税款由扣缴义务人在每次支付或者到期应支付时，从支付或者到期应支付的款项中扣缴。

“支付人”，是指依照有关法律规定或者合同约定对非居民企业直接负有支付相关款项义务的单位或者个人。支付人可以利用现金、汇拨、转账和权益兑价等货币和非货币支付。

（2）对非居民企业在中国境内取得工程作业和劳务所得应缴纳的所得税，税务机关可以指定工程价款或者劳务费的支付人为扣缴义务人。

扣缴义务人由县级以上税务机关指定，并同时通知扣缴义务人所扣税款的计税依据、计算方法、扣缴期限和扣缴方式。

由县级以上税务机关指定扣缴义务人的情形包括如下几项：

①预计工程作业或者提供劳务期限不足一个纳税年度，且有证据表明不履行纳税义务的；

②没有办理税务登记或者临时税务登记，且未委托中国境内的代理人履行纳税义务的；

③未按照规定期限办理企业所得税纳税申报或者预缴申报的。

（二）扣缴方法

扣缴义务人按照非居民企业计算应纳所得税额的计算方法计算税款，依照规定扣缴税款，扣缴义务人未依法扣缴税款或不能扣缴税款的，由企业在所得发生地向税务机关缴纳税款；企业未缴纳税款的，税务机关按照企业所得税税法的相关规定从该企业在中国境内其他收入项目的款项中，追缴该企业应纳的税款。

税务机关在追缴企业应纳税款时，应将追缴税款的理由、数额、期限和方式及时通知该企业。

如果是扣缴义务人代扣税款，应自代扣之日起 7 日内上缴国库，并同时向所在地税务机关报送扣缴企业所得税报告表。

以上所说的“企业所得发生地”，是指依照《实施条例》第七条规定的原则确定的所得发生地。在中国境内存在多处所得发生地的，由企业选择其中之一申报缴纳企业所得税。

“企业在中国境内其他收入”，是指该企业在中国境内取得的其他各种来源的收入。

【例 4-4】 某外国公司实际管理机构不在中国境内，也未在中国设立机构场所，2011 年，将一项专用技术使用权转让给中国境内某企业，获得收入 250 万元，该技术的成本 100 万元；从外商投资企业取得税后利润 320 万元；转让其在中国境内的房屋一幢，转让收入 2 800 万元，原值 900 万元，已提折旧 500 万元。该外国公司应当缴纳的企业所得税计算如下。

根据企业所得税法对非居民企业的相关规定可知，该外国公司实际管理机构不在中国境内，在中国境内也未设立机构、场所，应作为非居民企业，就其来源于中国境内的所得缴纳企业所得税。

(1) 股息、红利等权益性投资收益和利息、租金、特许权使用费所得，以收入全额为应纳税所得额，根据以上企业所得税税法对非居民企业不同经营取得的应纳税所得额的确认条件得出，该外国公司取得的专用技术转让收入属于特许权使用费所得，取得的税后利润属于权益性投资收益，均应以收入全额为应纳税所得额。

(2) 转让财产所得，以收入全额减除财产净值后的余额为应纳税所得额。

由以上可得出，该企业的应纳所得税税额 $=[250+320+(2\,800-400)]\times 10\%=297$(万元)。

六、企业所得税账务处理综合案例

【例4-5】 某企业2010年12月31日购入一台价值为12万元的机器设备并投入使用，该设备预计使用三年，净残值率10%，企业按年数总和法计提折旧，税法规定按平均年限法计提折旧，企业所得税率25%，无其他时间性差异。假设在其他因素不变的情况下该企业每年的税前利润为20万元。要求：

(1) 分别计算年数总和法及平均年限法下该设备每年的折旧额。

(2) 若该企业采用纳税影响会计法核算所得税，编制该企业三年计提应交所得税的会计分录。

(1) 按年数总和法计算：

第一年折旧 = 120 000 × (1 − 10%) × 3 ÷ 6 = 54 000(元)；

第二年折旧 = 120 000 × (1 − 10%) × 2 ÷ 6 = 36 000(元)；

第三年折旧 = 120 000 × (1 − 10%) × 1 ÷ 6 = 18 000(元)。

按平均年限法计算：

每年折旧额 = 120 000 × (1 − 10%) ÷ 3 = 36 000(元)。

(2) 采用纳税影响会计法编制会计分录如下：

第一年企业计提的折旧额54 000元大于按税法计提的折旧额36 000元，产生时间性差异18 000元，应调增会计利润，应纳税所得额大于会计利润，企业因此多交所得税金额为18 000 × 25% = 4 500（元），应计入递延税款借方。

借：所得税费用　　50 000
　　递延所得税资产　　4 500
　　贷：应交税费——应交所得税　　54 500

第二年企业计提的折旧额等于按税法计提的折旧额，无时间性差异。

借：所得税费用　　50 000
　　贷：应交税费——应交所得税　　50 000

第三年企业计提的折旧额18 000元小于按税法计提的折旧额36 000元，第一年形成的时间性差异18 000元在本年转回，影响纳税的金额为18 000 × 25% = 4 500（元），应计入递延税款贷方。

借：所得税费用　　50 000
　　贷：应交税费——应交所得税　　45 500
　　　　递延所得税负债　　4 500

【例4-6】 仍以例6-5的资料，如果企业按直线法计提折旧，税法规定按年数总和法计提折旧，则会计分录为：

（1）第一年：

借：所得税费用　　50 000
　　贷：应交税费——应交所得税　　45 500
　　　　递延所得税负债　　4 500

（2）第二年：

借：所得税费用　　50 000
　　贷：应交税费——应交所得税　　50 000

（3）第三年：

借：所得税费用　　50 000
　　递延所得税资产　　4 500
　　贷：应交税费——应交所得税　　54 500

第五章 个人所得税

第一节　个人所得税概述

一、个人所得税的含义及特点

个人所得税是对纳税义务人取得的各项应税所得征收的一种税。它最早于1799年在英国创立，目前世界上已有140多个国家开征了这一税种。

我国现行个人所得税主要具有以下特点：

（1）实行分类征收；

（2）累进税率与比例税率并用；

（3）费用扣除额较宽；

（4）计税方式多样化；

（5）自行申报纳税和代扣代缴相结合；

（6）奖、限政策并用。

个人所得税的含义及特点如图5-1所示。

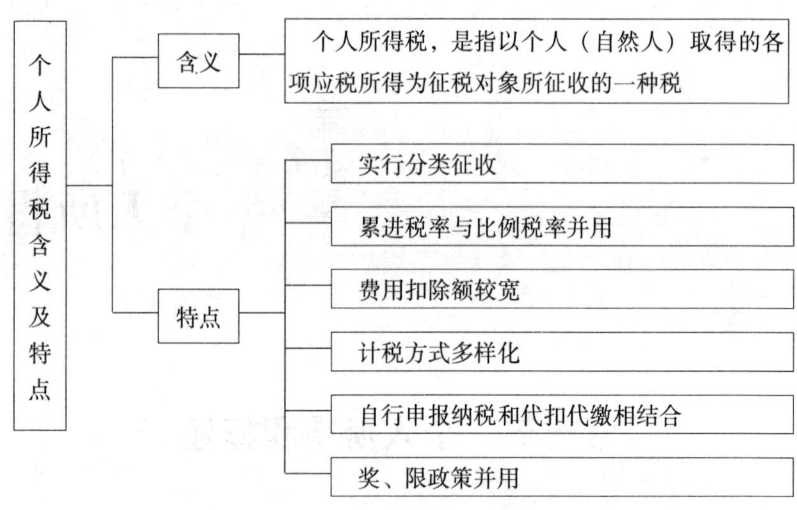

图 5-1　个人所得税的含义及特点

二、个人所得税的纳税人

个人所得税以所有人为纳税义务人，以支付所得的单位或者个人为扣缴义务人。

个人所得税的纳税人如表 5-1 所示。

表 5-1　个人所得税的纳税人

<table>
<tr><th>项　目</th><th colspan="2">具 体 内 容</th></tr>
<tr><td>纳税义务人</td><td colspan="2">个人所得税的征税对象，包括中国公民、个体工商业户以及在中国有所得的外籍人员（包括无国籍人员，下同）和香港、澳门、台湾同胞</td></tr>
<tr><td rowspan="3">纳税人分类</td><td rowspan="3">居民纳税义务人</td><td>居民纳税义务人负有无限纳税义务。其所取得的应纳税所得，无论是来源于中国境内还是中国境外任何地方，都要在中国缴纳个人所得税</td></tr>
<tr><td>居民纳税义务人是指在中国境内有住所，或者无住所而在中国境内居住满 1 年的个人</td></tr>
<tr><td>在中国境内有住所的个人，是指因户籍、家庭、经济利益关系，而在中国境内习惯性居住的个人</td></tr>
</table>

（续表）

项　目	具体内容	
纳税人分类	居民纳税义务人	习惯性居住地是指个人因学习、工作、探亲等原因消除之后，没有理由在其他地方继续居留时，所要回到的地方
		在境内居住满 1 年，是指在一个纳税年度（即公历 1 月 1 日起至 12 月 31 日止，下同）内，在中国境内居住满 365 日
		如果在一个纳税年度内，一次离境不超过 30 日，或者多次离境累计不超过 90 日的，仍应被视为全年在中国境内居住，从而判定为居民纳税义务人
		在中国境内定居的中国公民和外国侨民。但不包括虽具有中国国籍，却并没有在中国大陆定居，而是侨居海外的华侨和居住在香港、澳门、台湾的同胞
	非居民纳税义务人	非居民纳税义务人，是指不符合居民纳税义务人判定标准（条件）的纳税义务人
		非居民纳税义务人承担有限纳税义务，即仅就其来源于中国境内的所得，向中国缴纳个人所得税
		非居民纳税义务人，是指习惯性居住地不在中国境内，而且不在中国居住，或者在一个纳税年度内。在中国境内居住不满 1 年的个人
		非居民纳税义务人只能是在一个纳税年度中，没有在中国境内居住，或者在中国境内居住不满 1 年的外籍人员、华侨或香港、澳门、台湾同胞
		对在中国境内无住所的个人按该个人实际在华逗留天数计算

【例 5-1】　某外籍人士从 2009 年 9 月到中国境内某公司任职，在 2010 年度内，曾于 7 月 11 ~20 日回国述职，12 月 20 日起又离境回国度假。

由于在 2010 年度这两次离境分别都没有超过 30 天，加起来也没有超过 90 天，应视为临时离境，视为 2010 年全年在中国境内居住，因此，该纳税义务人应视为居民纳税义务人，应就其来源于全球的所得向中国缴纳个人所得税。

三、个人所得来源的确定

个人所得税来源的确定如图 5-2 所示。

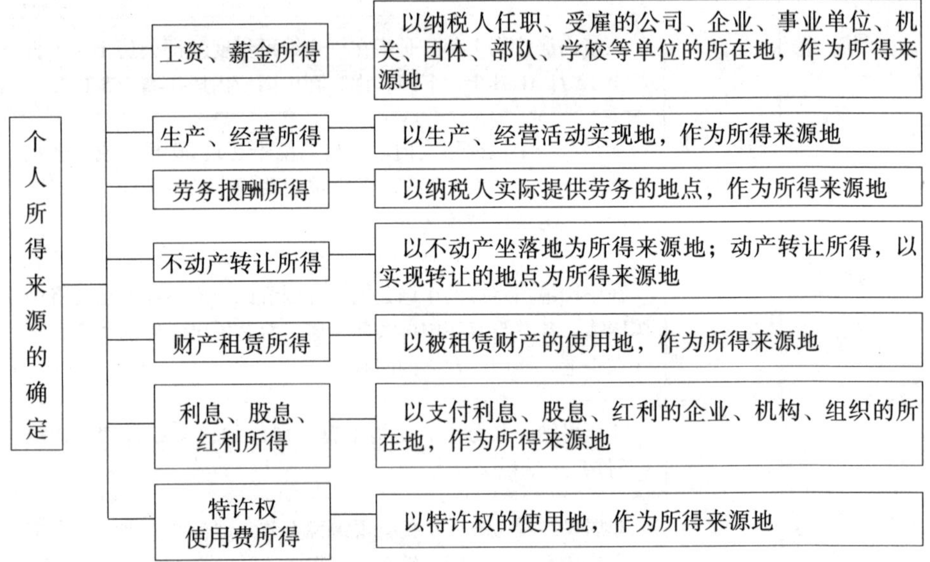

图 5-2 个人所得来源的确定

四、个人所得税的征税内容

个人所得税的征税对象是个人取得的各项应税所得。我国现行征收个人所得税的项目共计 11 项，下面分别介绍。

（一）工资、薪金所得

一般来说，工资、薪金所得属于非独立个人劳动所得，是指个人因任职或受雇而取得的工资、薪金、奖金、年终加薪、劳动分红、津贴、补贴以及与任职或者受雇有关的其他所得。

根据目前我国个人所得的构成情况，个人所得税税法规定对于一部分不属于工资、薪金性质的补贴、津贴，不予征税。主要包括以下几项：

（1）独生子女补贴；

（2）托儿补助费；

（3）差旅费津贴、误餐补助；

(4) 执行公务员工资制度未纳入基本工资总额的补贴、津贴差额和家属成员的副食品补贴。

此外，对于公司职工取得的用于购买国有股股权的分红，纳入工资、薪金所得项目，征收个人所得税；对于个人因公务用车和通信制度改革取得的补贴收入，扣除一定标准公务费后，计入工资、薪金所得征税。

(二) 个体工商户生产、经营所得

个体工商户生产经营所得是指纳税人从事生产经营活动所取得的各项所得，具体包括以下几个方面的所得：

(1) 个体工商户从事工业、手工业、建筑业、交通运输业、商业、饮食业、服务业、修理业以及其他行业生产、经营取得的所得。

(2) 个人经有关政府部门批准，取得营业执照，从事办学、医疗、咨询以及其他有偿服务活动取得的所得。

(3) 其他个人从事个体工商业生产、经营取得的所得。

(4) 上述个体工商户和个人取得的与生产、经营有关的各种应纳税所得。

除此之外，从事个体出租车经营的出租车驾驶员取得的收入，以及个人因从事彩票代销业务而取得的所得，也按个体工商户的生产、经营所得项目缴纳个人所得税。

个体工商户和从事生产、经营的个人，取得与生产、经营活动无关的各项应税所得，应分别按照适用其他应税项目的有关规定，计算征收个人所得税。如银行存款利息、与企业联营分得的利润，应按“股息、利息、红利”税目的规定单独计征个人所得税。

独资企业和合伙企业的生产经营所得比照个体工商户的生产、经营所得征税。个人独资企业和合伙企业的个人投资者以企业资金为本人、家庭成员及其相关人员支付与企业生产经营无关的消费性支出及购买汽车、住房等财产性支出，应视为企业对个人投资者的利润分配，并入生产经营所得一同征税。

(三) 对企事业单位的承包经营、承租经营所得

对企事业单位的承包经营、承租经营所得，是指个人承包经营、承租经营以及转包、转租取得的所得，包括个人按月或者按次取得的工资、薪金性质的所得。

（四）劳务报酬所得

劳务报酬所得，是指个人独立从事各种非雇佣的劳务所取得的收入。主要包括从事设计、装潢、安装、制图、化验、测试、医疗、法律、会计、咨询、讲学、新闻、广播、翻译、审稿、书画、雕刻、影视、录音、录像、演出、表演、广告、展览、技术服务、介绍服务、经纪服务、代办服务以及其他劳务取得的所得。

此外，个人担任董事职务所取得的董事费收入也属于劳务报酬所得，征收个人所得税。

（五）稿酬所得

稿酬所得，是指个人因其作品以图书、报刊形式出版、发表而取得的所得。

定义中所说的“作品”包括：文学作品、书画作品、摄影作品及其他作品。

在个人所得税税法中将稿酬所得作为一个征税项目进行单列，主要是因为其具有特殊性：

（1）依靠较高智力创作的产品；

（2）与社会主义精神文明和物质文明密切相关；

（3）具有普遍性；

（4）报酬偏低。

（六）特许权使用费所得

特许权使用费所得，是指个人提供专利权、商标权、著作权、非专利技术以及其他特许权的使用权取得的所得。

注：提供著作权的使用权取得的所得，不包括稿酬所得。

（七）利息、股息、红利所得

利息、股息、红利所得，是指个人拥有债权、股权而取得的利息、股息、红利所得。

利息是指个人拥有债券而取得的利息，主要包括存款利息、贷款利息和各种债券的利息。

股息、红利是指个人拥有股权而取得的股息、红利。包括按照一定比例对每股发给的息金；公司、企业应分配的超过股息部分的利润。

（八）财产租赁所得

财产租赁所得，是指个人出租建筑物、土地使用权、机器设备、车船以及其他财产而从对方收取的所得。

（九）财产转让所得

财产转让所得，是指个人转让有价证券、股权、建筑物、土地使用权、机器设备、车船以及其他财产取得的所得。

（十）偶然所得

偶然所得，是指个人得奖、中奖、中彩以及其他偶然性质的所得。偶然所得应缴纳的个人所得税款，一律由发奖单位或机构代扣代缴。

得奖是指参加各种有奖竞赛活动，取得名次得到的奖金。

中奖、中彩是指参加各种有奖活动（包括有奖销售、购买彩票等），经过规定程序而取得的奖金。

（十一）经国务院财政部门确定征税的其他所得

经国务院财政部门确定征税的其他所得主要包括以下几项：

（1）对银行和其他金融机构以超过中国人民银行规定的存款利率和保值贴补率计算、支付给储户的揽储奖金按“其他所得”征收个人所得税。

（2）证券公司为招揽大户股民在本公司开户交易，通常从证券公司取得的交易手续费中支付部分金额给大户股民，而股民从证券公司取得的以上手续费返还收入，应按“其他所得”征收个人所得税。

（3）部分单位在年终总结、各种庆典、业务往来及其他活动中，为其他单位和部门的有关人员发放现金、实物或有价证券等，对个人取得的该项所得按照“其他所得”征收个人所得税。

对于以上个人所得，难以界定应税所得项目的，由主管税务机关审查确定。

五、税率

个人所得税纳税义务人根据取得收入的不同，计算应纳个人所得税时采用不同的适用税率，我国现行个人所得税税法按纳税人所得项目的不同，规定了以下几种税率。

（一）工资、薪金所得

工资、薪金所得，适用超额累进税率，税率为3%～45%具体税率如表5-2所示。

表5-2　工资、薪金所得税适用税率

级数	全月应纳税所得额		税率（%）	速算扣除数（元）
	含税级距（月）	不含税级距（月）		
1	不超过1 500元部分	不超过1 455元的	3	0
2	超过1 500元至4 500元的部分	超过1 455元至4 155元的部分	10	105
3	超过4 500元至9 000元的部分	超过4 155元至7 755元的部分	20	555
4	超过9 000元至35 000元的部分	超过7 755元至27 255元的部分	25	1 005
5	超过35 000元至55 000元的部分	超过27 255元至41 255元的部分	30	2 755
6	超过55 000元至80 000元的部分	超过41 255元至57 505元的部分	35	5 505
7	超过80 000的部分	超过57 505的部分	45	13 505

注：①本表所列含税级距与不含税级距，均为按照税法规定减除有关费用后的所得额；

②含税级距适用于纳税人负担税款的工资、薪金所得；不含税级距适用于由他人（单位）代付税款的工资、薪金所得。

（二）个体工商户的生产、经营所得和对企事业单位的承包经营、承租经营所得

个体工商户的生产、经营所得和对企事业单位的承包经营、承租经营所得，适用5%～35%的超额累进税率。具体税率如表5-3所示。

表5-3 个体工商户的生产、经营所得和对企事业单位的承包经营，承租经营所得个人所得税税率表

级数	全年应纳税所得额		税率（%）	速算扣除数（元）
	含税级距（年）	不含税级距（年）		
1	不超过15 000元的部分	不超过14 250元的部分	5	0
2	超过15 000元至30 000元的部分	超过14 250元至27 750元的部分	10	750
3	超过30 000元至60 000元的部分	超过27 750元至51 750元的部分	20	3 750
4	超过60 000元至100 000元的部分	超过51 750元至79 750元的部分	30	9 750
5	超过100 000元的部分	超过79 750元的部分	35	14 750

注：①本表所列含税级距和不含税级距，均为按照税法规定以每一纳税年度的收入总额减除成本、费用以及损失后的所得额；

②含税级距适用于个体工商户的生产、经营所得和由纳税人负担税款的对企事业单位的承包经营、承租经营所得；不含税级距适用于由他人（单位）代付税款的对企事业单位的承包经营、承租经营所得。

（三）稿酬所得

稿酬所得按次计税，适用20%的比例税率，并按应纳税额减征30%。

应纳税所得额为纳税人每次收入总额减去800元（每次收入不超过4 000元）或者减去20%的费用（每次收入超过4 000元）后的余额，乘以适用税率再乘以1%～30%得出应纳税额。

（四）劳务报酬所得

劳务报酬所得适用20%的比例税率，对劳务报酬所得一次收入畸高的，可以实行加成征收。

所谓劳务报酬所得一次收入畸高是指个人一次取得劳务报酬，其应纳税所得额超过20 000元，其中，对于纳税人一次应纳税所得额超过20 000～50 000元的部分，依照税法规定计算应纳税额后再按照应纳税额加征五成；超过50 000元的部分加征十成。因此，劳务报酬所得实际上适用20%、30%、40%三级超额累进税率，具体如表5-4所示。

表 5-4 劳务报酬所得个人所得税税率

级数	含税级距（次）	不含税级距（次）	税率（%）	速算扣除数（元）
1	不超过 20 000 元的部分	不超过 1 6000 元的部分	20	0
2	超过 20 000 元至 50 000 元的部分	超过 16 000 元至 37 000 元的部分	30	2 000
3	超过 50 000 元的部分	超过 37 000 元的部分	40	7 000

注：①表中含税级距和不含税级距，均为按照税法规定减除有关费用后的每次应纳税所得额。

②每次应纳税所得额是指每次收入总额减除费用 800 元（每次收入不超过 40 000 元时）或者减除 20% 的费用（每次收入超过 40 000 元时）后的余额。

③含税级距适用于由纳税人负担税款的劳务报酬所得；不含税级距适用于由他人代付税款的劳务报酬所得。

（五）特许权使用费所得，利息、股息、红利所得，财产租赁所得，财产转让所得，偶然所得和其他所得

特许权使用费所得，利息、股息、红利所得，财产租赁所得，财产转让所得，偶然所得和其他所得，适用的比例税率为 20%。

应纳税所得额为纳税人每次收入总额减去 800 元（每次收入不超过 4 000 元）或者减去 20% 的费用（每次收入超过 4 000 元）后的余额，然后乘以适用税率 20% 计算得出应纳税额。

但税法对以下几项应税项目适用的税率作特殊规定：

（1）出租居民住房适用 10% 的税率；

（2）居民储蓄利息适用 5% 的税率；

（3）承包、承租对企业经营成果不拥有所有权，仅是按合同规定取得一定的所得适用 3% ~45% 的七级超额累进税率；

（4）承包、承租按照合同只向发包方、出租方交纳一定费用后，企业生产、经营成果归其所有的，则承包、承租人取得的所得适用 5% ~35% 的五级超额累进税率。

第二节　个人所得税的计算

一、个人所得税的计税依据

个人所得税的计税依据是个人取得的应纳税所得额。

以上所说的“应纳税所得额”是指纳税人发生的某项应税项目的收入额减去税法规定的该项费用减除标准后的余额。由于个人所得税的应税项目不同，并且为取得某项所得而支付的费用也不相同，因此，计算个人应纳税所得额时，需按不同应税项目分项计算。

二、工资、薪金所得应纳税额的计算

工资、薪金所得，适用3%～45%的七级超额累进税率，其应纳税额的基本计算公式如下：

应纳税额＝应纳税所得额×适用税率－速算扣除数

＝(每月收入额－费用扣除额)×适用税率－速算扣除数

＝(每月收入额－3 500 元或4 800 元)×适用税率－速算扣除数

注：3 500 为居民纳税义务人的费用扣除额；4 800 元为非居民纳税义务人的费用扣除额。

【例5-2】　李某为在中国境内某外商投资企业工作的中国公民，2011 年10 月工资、薪金应税收入为6 500 元，计算李某该月应纳的个人所得税。

计算如下：

应纳税额＝(6 500－3 500)×10%－105＝195(元)。

【例5-3】　非居民纳税人李某为通过民间科研协定来华在某民营企业临时工作的外籍专家。2011 年10 月该公司支付给李某基本工资25 000 元，一般性奖金15 000 元，住房补贴500 元，探亲费1 000 元。计算李某该月应纳的个人所得税。

相关计算如下：

外籍个人以非现金形式或实报实销形式取得的住房补贴、探亲费免交个税。

该月收入额 = 25 000 + 15 000 = 40 000(元)；

应纳税额 = (40 000 - 4 800) × 30% - 2 755 = 7 805(元)。

【例 5-4】 中国公民张某为居民纳税人，在滨江大学工作。2011 年 10 月张某收到学校财务部门发放的“工资单”：基本工资 3 500 元，岗位津贴 1 000元，课时津贴 1 530 元，政府特殊津贴 200 元，独生子女补贴 150 元，应付工资总计 6 380 元；扣除按规定个人负担的“三险一金”500 元、个人水电费 130 元及个人借款 400 元之后，实发工资总计为 5 350 元。据以计算张某该月应纳的个人所得税。

相关计算如下：

该月收入额 = 6 380 - 200 - 150 - 500 = 5 530(元)；

应纳税额 = (5 530 - 3 500) × 10% - 105 = 98(元)。

【例 5-5】 某外籍人员为非居民纳税人，在我国和平海洋研究所临时工作 6 个月。2011 年 10 月研究所支付给该人员的工资、薪金应税收入为 25 000元。由于工作业绩突出，当月被研究所奖励到平遥古城免费旅游，共报销旅游费 3 000 元。同月，该人员通过政府部门向红星希望小学捐款 12 000 元。据以计算该人员当月应纳的个人所得税。

相关计算及分析如下：

因为 12 000 元 > (25 000 + 3 000) × 30% = 8 400 元，所以，该外籍人士当月捐款只能在应纳税所得额中扣除 8 400 元。

该月收入额 = 25 000 + 3 000 - 8 400 = 19 600(元)；

应纳税额 = (19 600 - 4 800) × 25% - 1 005 = 2 695(元)。

三、特殊支付方式的计算

（一）取得全年一次性奖金应纳税额的计算

全年一次性奖金是指行政机关、企事业单位等扣缴义务人根据其全年经济效益和对雇员全年工作业绩的综合考核情况，向雇员发放的一次性奖金，具体包括年终加薪、实行年薪制和绩效工资办法的单位根据考核情况兑现的年薪和绩效工资，但半年奖、季度奖、加班奖、先进奖、考勤奖等除外。

根据个人所得税税法的有关规定，对纳税人取得的全年一次性奖金，单独作为一个月工资、薪金所得计算纳税，其应纳税额的计算方法及步骤如下：

1. 确定适用税率及速算扣除数

先将雇员当月内取得的全年一次性奖金，除以 12 个月，按其商数确定适用税率和速算扣除数。

如果在发放年终一次性奖金的当月，雇员当月工资、薪金所得低于税法规定的费用扣除额，应将全年一次性奖金减除“雇员当月工资、薪金所得与费用扣除额的差额”后的余额，按上述办法确定全年一次性奖金的适用税率和速算扣除数。

2. 确定计税依据并计算应纳税额

将雇员个人当月内取得的全年一次性奖金，按上述方法确定的适用税率和速算扣除数计算征税。

（1）雇员当月工资、薪金所得高于（或等于）税法规定的费用扣除额时：

应纳税额＝雇员当月取得全年一次性奖金×适用税率－速算扣除数

（2）雇员当月工资、薪金所得低于税法规定的费用扣除额时：

应纳税额＝（雇员当月取得的全年一次性奖金－雇员当月工资、薪金所得与费用扣除额的差额）×适用税率－速算扣除数

（3）在一个纳税年度内，对每一个纳税人，该计税办法只允许采用一次。

【例 5-6】 中国公民李某为居民纳税人，在 A 有限责任公司工作。2012 年 1 月的工资、薪金应税收入为 3 700 元。同时，该月份取得 2011 年度一次性奖金 19 200 元。计算李某 2012 年 1 月应纳的个人所得税。

相关分析及计算如下：

该月工资、薪金所得应纳税额 =（3 700 - 3 500）×3% - 0 = 6(元)。

该月取得的一次性奖金应单独作为一个月工资、薪金所得计算纳税。

因为工资、薪金所得3 700 元 > 费用扣除额3 500 元，所以按一次性奖金19 200 元除以12 个月的商数，即1 600 元，确定适用税率为10%，速算扣除数为105。

该月一次性奖金应纳税额 =19 200 ×10% -105 =1 815（元）。

该月应纳税额 =6 +1 815 =1 821（元）。

【例5-7】 仍以例5-6资料为例，假设李某2012 年1 月的工资、薪金应税收入为2 700 元，其他资料不变。计算李某2012 年1 月应纳的个人所得税。

相关分析及计算如下：

因为李某该月工资2 700 元没有达到国家规定的征税标准（费用扣除额3 500元），所以该月工资、薪金应纳税额为零即不征税。

该月取得的一次性奖金应单独作为一个月工资、薪金所得计算纳税。

因为工资、薪金所得2 700 元 < 费用扣除额3 500 元，其差额为800 元，所以按一次性奖金19 200 元减除800 元后的余额，除以12 个月的商数，即1 533 元，确定适用税率为10%，速算扣除数为105。

该月一次性奖金应纳税额 =19 200 ×10% -105 =1 815（元）。

则该月应纳税额 =0 +1 815 =1 815（元）。

（二）特定行业人员工资、薪金应纳税额的计算

特定行业，是指从事采掘业、远洋运输业、远洋捕捞业以及财政部确定的其他行业。因为以上行业受季节、产量等因素的影响，因此此行业员工的工资、薪金所得，每月会出现较大的波动幅度，所以对其应纳税额实行按年计算、分月预缴的方式计征，并自年度终了之日起30 日内，合计其全年工资、薪金所得，再按12 个月平均并计算实际应纳的税款，多退少补。

其计算公式如下：

全年应纳税额 =［（全年工资、薪金所得 ÷12 - 费用扣除标准）×适用税率 - 速算扣除数］×12

年终应补（退）税额＝全年应纳税额－各月已预交税额

上述公式中的“费用扣除标准”为每月3 500元，但对远洋运输船员的工资、薪金收入，在统一扣除3 500元基础上，准予再扣除附加减除费用1 300元，即共计4 800元。船员的伙食费补贴，因统一集体用餐不发给个人，故不计入船员的应税工资、薪金收入。

【例5-8】 中国公民冯某为居民纳税人，在某远洋运输公司工作。2012年全年基本工资64 000元，奖金20 000元，船上伙食补贴4 500元。当年1～11月预缴个人所得税1 200元。计算冯某2012年全年应纳个人所得税及年终应补（退）税额。

相关计算如下：

全年应纳税额＝[(84 000÷12－4 800)×10%－105]×12＝1 380(元)。

年终应补(退)税额＝1 380－1 200＝180(元)。

（三）境内、境外分别取得工资、薪金应纳税额的计算

在中国境内有住所，或者无住所而在境内居住满1年的个人，从中国境内和境外取得的所得，应当分别计算应纳税额，即居民纳税人承担无限纳税责任，就其境内和境外的所得全部交税。

纳税人在境内、境外同时取得工资、薪金所得，应首先判断其境内、境外取得的所得是否属于来源于一国的所得，如果因任职、受雇、履约等在中国境内提供劳务取得所得，无论支付地点是否在中国境内，均为来源于中国境内的所得。纳税人能够提供在境内、境外同时任职或者受雇及工资、薪金标准的有效证明文件，可判定其所得是分别来自境内和境外的，应分别减除费用后计税。

但是，如果纳税人不能提供上述文件，则应视为来源于一国所得。若其任职或者受雇单位是在中国境内，应视为来源于中国境内的所得，若其任职或者受雇单位是在中国境外，应视为来源于中国境外的所得，依照有关规定计税。

（四）雇佣单位和派遣单位分别支付工资、薪金应纳税额的计算

(1) 在外商投资企业、外国企业和外国驻华机构工作的中方人员取得的

工资、薪金收入，凡是由雇佣单位和派遣单位分别支付的，支付单位应按规定代扣代缴个人所得税，按税法规定纳税人应以每月全部工资、薪金收入减除规定费用后的余额为应纳税所得额。

为了有利于征管，实行源泉扣缴方式缴纳个人所得税款即由支付单位代扣代缴个人所得税，并采取由支付者中的一方减除费用的方法。也可以说只由雇佣单位在支付工资、薪金时，按税法规定减除费用，计算扣缴个人所得税；派遣单位支付的工资、薪金不再减除费用，以支付全额直接确定适用税率，计算扣缴个人所得税。

纳税人在取得税后工资、薪金后，应持两处支付单位提供的原始明细工资、薪金单（书）和完税凭证原件，选择并到当地主管税务机关申报每月工资、薪金收入，汇算清缴个人所得税，多退少补。

其相关计算公式如下：

雇佣单位应代扣税额 =（月工资、薪金收入 − 费用扣除标准）× 适用税率 − 速算扣除数

派遣单位应代扣税额 = 月工资、薪金收入 × 适用税率 − 速算扣除数

个人申报应纳税额 =（雇佣单位含税月工资、薪金额 + 派遣单位含税月工资、薪金额 − 费用扣除标准）× 适用税率 − 速算扣除数

个人应补（退）税额 = 个人申报应纳税额 − 已被代扣代缴的税额

【例5-9】 中国公民韩某系外商投资企业甲公司雇用的中方人员。2011年10月，甲公司支付给韩某的工资为5 700元，同月，韩某还收到其派遣单位乙公司发给的工资750元。据以计算甲公司、乙公司应分别代扣税额、韩某申报应纳税额以及韩某应补（退）的税额。

相关计算如下：

（1）甲公司代扣税额 =（5 700 − 3 500）× 10% − 105 = 115（元）。

（2）乙公司代扣税额 = 750 × 3% − 0 = 22.5（元）。

（3）韩某申报应纳税额 =（5 700 + 750 − 3 500）× 10% − 105 = 190（元）。

（4）韩某应补税额 = 190 −（115 + 22.5）= 52.5（元）。

（2）对外商投资企业、外国企业和外国驻华机构发放给中方工作人员的工资、薪金所得，应全额征税。但对可以提供有效合同或有关凭证，能够证

明其工资、薪金所得的一部分按照有关规定上交派遣（介绍）单位的，可扣除其实际上交的部分，按其余额计征个人所得税。

其应纳税额的计算公式如下：

应纳税额 = (雇佣单位含税月工资、薪金额 - 上交派遣单位费用 - 费用扣除) × 适用税率 - 速算扣除数

（五）外籍人员不满一个月的工资、薪金应纳税额的计算

在中国境内无住所的个人，来源于中国境内的不满一个月的工资、薪金，应按其全月工资、薪金所得计算当月应纳税额，再按实际工作日数换算计税。

其计算公式如下：

应纳税额 = [(当月工资薪金收入 - 费用扣除) × 适用税率 - 速算扣除数] × 当月实际在华日数 ÷ 当月日数

（六）个人取得公务交通、通信补贴收入应纳税额的计算

个人因公务用车和通讯制度改革而取得的公务用车、通信补贴收入，扣除一定标准的公务费用后，按照工资、薪金所得项目计征个人所得税。

公务交通、通信补贴按月发放的，并入当月工资、薪金所得计征个人所得税；按年发放的，分解到所属月份并与该月份工资、薪金所得合并后计征个人所得税。

注：公务费用的扣除标准，由省级地方税务局根据纳税人公务交通、通信费用的实际发生情况调查测算，报经省级人民政府批准后确定，并报国家税务总局备案。

（七）个人从企业取得实物所得应纳税额的计算

个人从企业取得实物的是指外商投资企业、外国企业为符合一定条件的雇员购买住房、汽车等个人消费品，所购房屋产权证和车辆发票均填写雇员姓名，并商定该雇员在企业工作达到一定年限或满足其他条件后，该住房、汽车的所有权完全归雇员个人所有。

对取得实物的相关处理根据实物金额的大小确定不同的处理方式：对于个人取得的这一实物所得，应在取得的当月，按照有关凭证上注明的价格或

主管税务机关核定的价格并入其工资、薪金所得征税。考虑到个人取得的实物价值较高，且所有权是随着工作年限逐步取得的，所以，可按企业规定取得该财产所有权需达到的工作年限（高于5年的按5年计算）平均分月计入工资、薪金所得征收个人所得税。

【例5-10】 2011年10月，中国公民黄某受聘到某一外商投资企业担任高管，企业给他提供价值18万元的小轿车一辆，规定工作满6年后归其个人所有。黄某每月工资4 000元，据以计算其当月应纳的个人所得税。

应纳税额的相关计算如下：

当月收入额 = 4 000 + 180 000 ÷ (5 × 12) = 7 000(元)；

当月应纳税额 = (7 000 − 3 500) × 10% − 105 = 245(元)。

（八）雇主为其雇员负担个人所得税时应纳税额的计算

雇主为其雇员负担个人所得税是指雇主发放给雇员的工资、薪金是不含税净额，即应纳税款由雇主另行为雇员支付。在这种情况下，如果直接以纳税人实际取得的收入减除费用扣除额作为应纳税所得额（即税基），据以计算应纳税额，就会导致缩小税基，降低适用税率。其正确的处理方法是，将纳税人的不含税收入换算为含税应纳税所得额，然后再计算应纳税额。

实际工作中，雇主为其雇员负担个人所得税的形式主要有三种形式即全额负担、定额负担和定率负担三种，不同的负担方式就会有不同的计算方法，以下分别讲述：

1. 雇主为其雇员全额负担税款

对于雇主为其雇员全额负担税款的，应将雇员取得的不含税收入换算成应纳税所得额后，计算企业代为缴纳的个人所得税税款。

其应纳税额 的计算公式如下：

应纳税所得额 = (不含税收入额 − 费用扣除标准 − 速算扣除数) ÷ (1 − 适用税率)

应纳税额 = 应纳税所得额 × 适用税率 − 速算扣除数

【例5-11】 中国公民江某2011年10月取得不含税工资收入6 000元，当月应缴的个人所得税由其所在企业全额负担，据以计算企业当月发放工资时代扣代缴的江某的个人所得税税款。

应纳税款的计算如下：

应纳税所得额 =（6 000 - 3 500 - 105）÷（1 - 10%）= 2 661（元）。

应纳税额 = 2 661 × 10% - 105 = 161（元）。

2. 雇主为其雇员定额负担税款

雇主为其雇员定额负担税款的，应将雇员取得的工资、薪金所得换算成应纳税所得额后，计征个人所得税。

其相关计算公式如下：

应纳税所得额 = 雇员实际取得的工资 + 雇主代雇员负担的税款 - 费用扣除标准

应纳税额 = 应纳税所得额 × 适用税率 - 速算扣除数

3. 雇主为其雇员定率负担税款

雇主为其雇员负担一定比例的工资、薪金应纳税款或者负担一定比例的实际应纳税款的，应将雇员取得的未含雇主负担的税款的收入额换算成应纳税所得额后，计征个人所得税税款。

其相关具体计算公式如下：

应纳税所得额 =（未含雇主负担的税款的收入款 - 费用扣除标准 - 速算扣除数 × 雇主负担比例）÷（1 - 适用税率 × 雇主负担比例）

应纳税额 = 应纳税所得额 × 适用税率 - 速算扣除数

【例 5-12】 2011 年 10 月，某公司的外籍专家大山取得当月不含税工资收入 15 000 元，雇主为其负担实际应付税款的 30%，计算公司当月应代扣代缴的大山的个人所得税税款。

则应纳税款的相关计算如下：

应纳税所得额 =（15 000 - 4 800 - 1 005 × 25%）÷（1 - 25% × 30%）= 10 701.08（元）。

应纳税额 = 10 701.08 × 25% - 1 005 = 1 670.27（元）。

值得特别注意的是：以上三种应纳税所得额计算公式中的税率、速算扣除数，应通过工资、薪金所得税率表的月应纳税所得额不含税级距确定；应纳税额计算公式中的税率、速算扣除数，应通过工资、薪金所得税率表的月应纳税所得额含税级距确定。

四、个体工商户的生产、经营所得应纳税额的计算

（1）个体工商户的生产、经营所得适用5%～35%的超额累进税率，实行按年计算，分月或分季预缴，年终汇算清缴，多退少补的方法。

个体工商户的应纳税所得额为每一纳税年度的收入总额，减除成本、费用以及损失后的余额，并按照规定的适用税率及速算扣除数计算应纳税额。

其计算公式如下：

应纳税所得额＝纳税年度收入总额－成本、费用及损失

应纳税额＝应纳税所得额×适用税率－速算扣除数

【例5-13】 某个体工商户全年生产经营收入总额为17万元，成本为5万元，费用为1.5万元，损失为5 000元。计算该个体工商户全年应纳个人所得税税额。

其相关计算如下：

应纳税所得额＝170 000－50 000－15 000－5 000－42 000＝58 000（元）。

应纳税额＝58 000×20%－3 750＝7 850（元）。

（2）对个人独资企业和合伙企业生产经营所得，其个人所得税应纳税额的计算有以下两种办法：

第一种是查账征收。

凡实行查账征收办法的企业，生产经营所得应纳税额的计算比照个体工商户个人所得税计税办法执行。但对一些费用和成本的具体扣除标准税法作了相应规定，类似企业所得税的有关费用标准。

第二种是核定征收。

核定征收方式又具体包括定额征收、核定应税所得率征收以及其他合理的征收方式。

实行核定应税所得率征收方式的，应纳所得税额的计算公式如下：

应纳税额＝应纳税所得额×适用税率

应纳税所得额＝收入总额×应税所得率

或　　　　＝成本费用支出额÷（1－应税所得率）×应税所得率

当纳税人会计资料不全，只能确定收入总额或费用成本额时，采用以上办法计税。

五、对企事业单位的承包、承租经营所得应纳税额的计算

（一）应纳税额的计算

对企事业单位承包经营、承租经营所得适用5%～35%的超额累进税率，以其应纳税所得额按适用税率及速算扣除数计算应纳税额。

其中：对企事业单位的承包经营、承租经营所得的应纳税所得额为每一纳税年度的收入总额，减除必要费用后的余额。收入总额是指纳税人按照承包经营、承租经营合同规定分得的经营利润和工资、薪金性质的所得；减除必要费用是指按月减除3 000元，实际减除的是相当于个人的生计费及其他费用。

相应的计算公式如下：

应纳税所得额＝个人承包、承租经营收入总额－费用扣除标准（每月3 500元）

应纳税额＝应纳税所得额×适用税率－速算扣除数

（二）按年取得承包、承租经营所得税款的计算

实行承包、承租经营的纳税人，应以每一纳税年度取得的承包、承租经营收入，减除每月3 500元的费用，按照适用税率及速算扣除数，计算其应纳的个人所得税。

（三）一个纳税年度内分次取得承包、承租经营所得税款的计算

纳税人在一年内分次取得承包、承租经营所得的，应在每次分得承包、承租经营所得后，先预缴税款，年终汇算清缴，多退少补。

（四）一个纳税年度内承包、承租不足12个月的应纳税款的计算

纳税人承包、承租期不足一年的，以其实际承包、承租经营的期限为一个纳税年度计算纳税。

其应纳税款的计算公式如下：

应纳所得税额＝该年度承包、承租经营收入额－3 500×该年度实际承包、承租经营月份数

应纳税额＝应纳税所得额×适用税率－速算扣除数

【例 5-14】 假定 2011 年 10 月 1 日，某人与事业单位签订承包合同经营招待所，承包期为 3 年。2011 年招待所实现承担经营利润 84 000 元，按合同规定承包人每年应从承包经营利润中上交承包费 180 000 元。试计算承包人 2011 年应纳个人所得税税额。

相关计算如下：

年应纳税所得额 = 84 000 − 180 000 ÷ 12 × 3 − 3 500 × 3 = 28 500（元）；

应纳税额 = 28 500 × 10% − 750 = 2 100（元）。

六、劳务报酬所得应纳税额的计算

劳务报酬所得按次纳税，适用 20% 的比例税率，对于劳务报酬所得一次收入畸高的，可以实行加成征收。

所谓劳务报酬所得一次收入畸高是指个人一次取得劳务报酬，其应纳税所得额超过 20 000 元，其中，对于纳税人一次应纳税所得额超过 20 000 ~ 50 000元的部分，依照税法规定计算应纳税额后再按照应纳税额加征五成；超过 50 000 元的部分加征十成。因此，劳务报酬所得实际上适用三级超额累进税率，相关适用税率表格已在前面介绍，在此不再显示。

应纳税额为纳税人每次收入总额减去费用 800 元（每次收入额不超过 4 000元时）或者减去 20% 的费用（每次收入超过 4 000 元时）后的余额。

纳税人收入数额不同，其应纳税额的计算就不同：

（1）每次收入不足 4 000 元。

应纳税额 = 应纳税所得额 × 适用税率 − 速算扣除数

= （每次收入额 − 800）× 适用税率 − 速算扣除数

（2）每次收入在 4 000 元以上。

应纳税额 = 应纳税所得额 × 适用税率 − 速算扣除数

= 每次收入额 ×（1 − 20%）× 适用税率 − 速算扣除数

【例 5-15】 歌手刘某 2011 年 10 月份每星期到某歌舞厅演唱三次，每次报酬为 450 元，10 月份共演唱了 10 次，其 10 月份应纳的个人所得税为多少？

刘某应纳税额的计算如下：

应纳税所得额 =4 500 × （1 -20%）=3 600（元）；

应纳税所得额 3 600 元的适用税率为 20%；

应纳税额 =3 600 ×20% =720（元）。

【例 5-16】 王某 2011 年 11 月取得翻译报酬 62 000 元，计算其应纳个人所得税税额。

王某取得报酬后应纳个人所得税税款的计算如下：

应纳税所得额 = 62 000 × (1 - 20%) = 49 600(元)；

应纳税所得额 49 600 元的适用税率为 30%，速算扣除数为 2 000 元；

应纳税额 = 49 600 × 30% - 2 000 = 12 880(元)。

七、稿酬所得应纳税额的计算

（一）基本规定

（1）采用按次计征的方法。

（2）适用比例税率，税率为 20%，并按应纳税额减征 30%。

（二）应纳税额的计算

（1）每次收入不超过 4 000 元。

应纳税所得额 = 每次收入额 - 800

应纳税额 =（每次收入额 - 800）× 适用税率 ×（1 - 30%）

（2）每次收入超过 4 000 元。

应纳税所得额 = 每次收入额 ×（1 - 20%）

应纳税额 = 每次收入额 ×（1 - 20%）× 适用税率 ×（1 - 30%）

【例 5-17】 作家徐某于 2011 年 1 月由某出版社出版一部长篇小说，取得稿酬 38 000 元；2011 年 6 月又取得该书加印稿酬 5 000 元；2011 年 7 月到 9 月期间该长篇小说在某晚报上连载 3 个月，每月获得稿酬 1 200 元，共计 3 600 元。据以计算作家徐某该部长篇小说稿酬应缴的个人所得税。

相关计算如下：

（1）出版、加印稿酬应纳税额 = (38 000 + 5 000) × (1 − 20%) × 20% × (1 − 30%) = 4 816(元)；

（2）报刊连载稿酬应纳税额 = (3 600 − 800) × 20% × (1 − 30%) = 392(元)；

（3）两次稿酬应纳税额 = 4 816 + 392 = 5 208(元)。

八、特许权使用费所得应纳税额的计算

（一）应纳税所得额的计算

（1）每次收入不超过4 000元。

应纳税所得额 = 每次收入额 − 800

（2）每次收入在4 000元以上。

应纳税所得额 = 每次收入额 ×（1 − 20%）

上述公式中的“每次收入”，是指一项特许权的一次许可使用所取得的收入。纳税人采用同一合同转让一项特许权分期（跨月）取得收入的，应合并为一次收入计算应纳税额。

此外，对于个人从事技术转让中所支付的中介费用，若能提供有效合法凭证，允许从其所得中扣除。

（二）应纳税额的计算

应纳税额 = 应纳税所得额 × 适用税率（20%）

【例5-18】 杨某将自己发明的一项专利技术转让给某单位，取得转让费12 000元。试计算其应纳的个人所得税。

相关计算如下：

应纳税所得额 = 12 000 × (1 − 20%) = 9 600(元)；

应纳税额 = 9 600 × 20% = 1 920(元)。

九、财产租赁所得应纳税额的计算

（一）应纳税所得额的计算

财产租赁所得以一个月内取得的收入为一次。对一次取得数月、数年的租金收入，也可根据合同和实际所得所属月份分别计算。

个人出租财产取得的财产租赁收入，在计算缴纳个人所得税时，应依次扣除以下费用：其一财产租赁过程中准予扣除项目；其二由纳税人负担的该出租财产实际开支的修缮费用（允许扣除的修缮费用，以每次800元为限，一次扣除不完的，准予在下一次继续扣除，直到扣完为止）。

（1）每次（月）收入不超过4 000元。

应纳税所得额＝每次(月)收入额－准予扣除项目－修缮费用(800元为限)－800

(2)每次(月)收入超过4 000元。

应纳税所得额＝(每次(月)收入额－准予扣除项目－修缮费用(800元为限))×(1－20%)

(二）应纳税额的计算

财产租赁所得依其应纳税所得额和20%的比例税率计算应纳税额。

计算公式为：

应纳税额＝应纳税所得额×适用税率（即20%）

十、财产转让所得应纳所得税的计算

财产转让所得以个人每次转让财产取得的收入额减除财产原值和合理费用后的余额为应纳税所得额，并根据适用税率（即20%）计算应纳个人所得税

上述所称的“每次”是指以一件财产的所有权一次转让取得的收入为一次。而所称的“财产原值”应根据不同情况具体确定。

纳税人转让财产所得收入一般有以下几种情况：

（1）纳税人转让有价证券的，财产原值为买入价以及买入时按照规定缴纳的有关费用；

（2）转让建筑物的，财产原值为建造费或者购进价格以及其他有关费用；

（3）转让土地使用权的，财产原值为取得土地使用权所支付的金额、开发土地的费用以及其他有关费用；

（4）转让机器设备、车船的，财产原值为购进价格、运输费、安装费以及其他有关费用；

（5）其他财产，参照以上方法确定。

对于以上财产，纳税义务人未提供完整、准确的原值凭证，不能正确核算财产原值的，由主管税务机关核定其原值。

以上所说的“合理费用”，是指卖出财产时按照规定支付的有关费用。

财产转让所得应纳个人所得税的计算公式为：

应纳税所得额 = 收入总额 − 财产原值 − 合理费用

应纳税额 = 应纳税所得额 × 适用税率（20%）

【例 5-19】 张某建房一栋，原造价 35 000 元，支付费用 2 500 元。现转让该房屋，售价 62 000 元，在卖房过程中按规定支付交易等有关费用 2 400 元。则张某应按规定缴纳多少个人所得税？

应纳税额的相关计算如下：

应纳税所得额 = 62 000 − (35 000 + 2 500) − 2 400 = 22 100(元)；

应纳税额 = 22 100 × 20% = 4 420(元)。

十一、利息、股息、红利所得、偶然所得和其他所得应纳所得税的计算

对于纳税义务人取得的利息、股息、红利所得、偶然所得和其他所得，其应纳所得税的计算公式为：

应纳税所得额 = 每次收入总额

应纳税额 = 应纳税所得额 × 适用税率（20%）

【例 5-20】 某储户 2010 年 8 月 14 日取出 2007 年 7 月 14 日存入的三年定期人民币 50 000 元及其利息。假定年利率 10%。一年按 365 日计算。试计算周某 2010 年 8 月 14 日取得利润所得应纳的个人所得税。

从 2007 年 8 月 15 日起按 5% 的税率征收储蓄存款利率个人所得税，储蓄存款在 2007 年 8 月 14 日以前孳生的利息按 20% 的税率征收个人所得税，自 2008 年 10 月 9 日（含），暂免征储蓄存款利息个人所得税。

2007年7月14日~2007年8月14日，计31日；2007年8月15日~2008年10月8日，计421日。

利息所得应纳个人所得税 = 50 000 × 10% × 31 ÷ 365 × 20% + 50 000 × 10% × 421 ÷ 365 × 5% = 84.93 + 288.36 = 373.29（元）。

【例5-21】 某个人参加某社会福利部门举办的有奖销售活动，购买福利彩券时中得奖金80 000元。则该社会福利部门应纳税人代扣代缴多少个人所得税?

代扣代缴的应纳税额计算如下：

应纳税额 = 80 000 × 20% = 16 000（元）；

则该个人实际可领取的奖金为 = 80 000 − 16 000 = 64 000（元）。

十二、纳税人发生的特殊事项缴纳个人所得税的计算

（一）扣除捐赠的应纳税额的计算

扣除捐赠款后的计税，是指将纳税人申报的应纳税所得额扣除允许扣除的捐赠额以后的余额作为计税依据凭以计算税款，即纳税人在取得的的总收入中将对外捐赠的部分减去后作为计算应纳税额的依据。

其应纳税额的计算公式为：

应纳税额 =（应纳税所得额 − 允许扣除的捐赠额）× 适用税率 − 速算扣除数

【例5-22】 王先生在参加商场的有奖销售过程中，中奖所得共计价值30 000元。王先生领奖时告知商场，从收入中拿出6 000元通过教育部门向希望小学捐赠。试计算商场应代扣代缴的个人所得税。

其相关计算如下：

根据税法有关规定，王先生的捐赠额可以全部从应纳税所得额中扣除（因为6 000 ÷ 30 000 = 20%，小于捐赠扣除比例30%）。

应纳税所得额 = 30 000 − 6 000 = 24 000（元）；

应代扣代缴的税额 = 24 000 × 20% = 4 800（元）；

王先生实际可得金额 = 30 000 − 6 000 − 4 800 = 19 200（元）。

（二）境外所得已纳税款抵免的计税

根据现行个人所得税税法的有关规定，纳税人从中国境外取得的所得，准予其在应纳税额中扣除已在境外实缴的个人所得税税款，即纳税人在中国境内和境外均取得收入，并全额缴纳个人所得税，纳税人在中国境内主管税务机关申请并缴纳个人所得税时，允许将针对境外取得的收入并已在境外缴纳个人所得税税款部分扣除，但扣除额不得超过该纳税人境外所得依照我国税法规定计算的应纳税额。

我国税法规定纳税人在境内缴纳税款时抵扣境外以缴税款采用计算抵免限额的方法核定。

抵免限额的计算采用分国限额法，是指将分别来自不同国家或地区的不同应税项目，依照税法规定的费用减除标准和适用税率计算得来。对于同一国家或地区的不同应税项目，应分别计算各项目的抵免税额，然后将所有计算得出的抵免税额相加，以其各项的抵免限额之和作为来自该国或该地区所得的抵免限额。

根据计算出的抵免限额金额大小的不同，我国个人所得税法规定了不同的抵免方式：

第一种情况是纳税人在境外的所得实际缴纳的所得税低于或等于按我国税法所计算的应纳税额时，则按境外实际缴纳的所得税额予以抵免。

第二种情况是纳税人某一纳税年度在境外发生所得实际缴纳税款超过按照我国税法规定计算出的应纳税额时，其超过限额部分不允许在应纳税额中抵扣，但可以在以后纳税年度仍来自该国家或地区的不足限额，即实缴境外税款低于抵免限额的部分中补扣。下一年度结转后仍有超限额的，可继续结转，但每年发生的超限额结转期最长不得超过五年。

【例 5-23】 中国公民朱某受聘于 A 国从事某项工作，2011 年 1～12 月在 A 国取得工资、薪金收入 72 000 元（人民币，下同），特许权使用费收入 6 000 元；同时，又在 B 国取得利息收入 1 200 元。该纳税人已分别按 A 国和 B 国税法规定缴纳个人所得税 1 180 元和 270 元。试计算其在我国实际应纳的个人所得税。

相关计算及分析如下：

（1）在 A 国所得缴纳税款的抵扣：

①工资、薪金所得按我国税法规定计算的应纳税额：

月应税工资所得 = 72 000 ÷ 12 − 4 800 = 1 200（元）；

适用税率为3%，速算扣除数为0；

应纳税额 = (72 000 − 4 800) × 3% = 2 016（元）。

② 特许权使用费所得按我国税法规定计算的应纳税额：

应纳税额 = 6 000 × (1 − 20%) × 20% = 960（元）。

③ 抵扣限额 = 2 016 + 960 = 2 976（元）。

④应纳税人在A国所得已缴纳个人所得税1 180元，低于抵扣限额，因此，可全额抵扣，并需在中国补缴税款1 796元（2 976 − 1 180）。

（2）在B国所得缴纳税款的抵扣：

其在B国取得的利息所得按我国税法规定计算的应纳税额，即抵扣限额为240元（1 200 × 20%）。该纳税人在B国实际缴纳的税款270元超出了抵扣限额，因此，只能在限额内抵扣240元，不用补缴税款。

（3）在A、B两国所得缴纳税款抵扣结果：

据上述计算结果，该纳税人当年度的境外所得应在中国补缴个人所得税1 796元，B国缴纳税款未抵扣完的30元，可在以后五年内该纳税人从B国取得的所得中的征税抵扣限额有余额时补扣。

第三节　个人所得税的会计处理

一、账户设置

在个人所得税中，个体工商户的生产经营所得应纳税额是其为了取得收入而必要的费用支出，为了保证在此项费用发生时及时、合理的登记并计算出准确的应纳税额，个体工商户应通过设置“所得税费用”和“应交税费——应交所得税”两个账户进行会计处理，其账户结构及其缴纳所得税的核算程序、基本内容，均与企业所得税基本相同。除此之外，个人所得税采取代扣代缴方式计算缴纳税款，即凡是支付个人所得的企业或单位，在支付应税所得时均应按规定代扣代缴个人所得税税款，且实行代扣代缴个人所得税的企业应设置“应交税费——代扣代缴个人所得税”账户进行会计处理。该账户的贷方登记代扣的个人所得税，借方登记已缴纳代扣的个人所得税，期末贷方余额为其尚未上交代扣的个人所得税税额。

二、企业代扣代缴个人所得税的相关会计处理

（一）工资、薪金所得应纳个人所得税的会计处理

企业为本单位职工支付工资、薪金所得的应纳个人所得税税款，其实是企业为职工发放工资、薪金中的一部分，即直接在工资、薪金中扣除，如果职工个人到税务机关去缴纳税款，不仅浪费大量的时间，而且还会导致税务机关花费大量的成本，所以由企业代为统一缴纳。企业代扣应纳个人所得税时，借记“应付职工薪酬”科目，贷记“应交税费——代扣代缴个人所得税”科目。上交代扣的个人所得税时，借记“应交税费——代扣代缴个人所得税”科目，贷记“银行存款”科目。

根据现行个人所得税税收政策，企业为税务部门代扣代缴职工的个人所得税有两种情况：

第一种情况是企业职工自己承担的个人所得税，企业只负有代扣代缴义务。

第二种情况是企业既承担职工的个人所得税，又负有代扣代缴义务。此种情况又可分为定额负担税款、全额负担税款和按一定比例负担税款。

1. 企业职工自己承担个人所得税款的会计处理

【例5-24】 在某内资公司任职的中国公民王某，于2011年10月在该公司取得工资、薪金收入3 500元，奖金收入800元。按规定，该职工自己承担个人所得税。计算李某10月份应纳的个人所得税并作会计处理。

相关计算及会计处理如下：

应纳税所得额 = (3 500 + 800) − 3 500 = 800(元)；

应纳税额 = 800 × 3% = 24(元)。

(1) 支付工资时：

借：应付职工薪酬	4 300	
贷：应交税费——代扣代缴个人所得税		24
银行存款		4 276

(2) 缴纳个人所得税时：

借：应交税费——应交个人所得税	24	
贷：银行存款		24

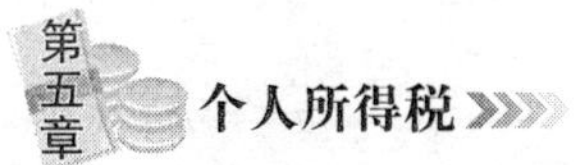

【例 5-25】 某中国公民2011年10月受聘到某外资企业担任外方总经理助理，外方给他提供一套价值42万元的套房，规定工作满5年后房子归个人。该助理月工资6 000元。按规定，该职工自己承担个人所得税。计算其每月应纳的个人所得税并作会计处理。

该项业务的相关计算及会计处理如下：

每月收入 = 6 000 + 420 000 ÷ (5 × 12) = 13 000(元)；

月应纳税额 = (13 000 - 3 500) × 25% - 1 005 = 1 370(元)。

(1) 代扣代缴个人所得税时：

借：应付职工薪酬　　1 370

　　贷：应交税费——代扣代缴个人所得税　　1 370

(2) 缴纳个人所得税时：

借：应交税费——代扣代缴个人所得税　　1 370

　　贷：银行存款　　1 370

2. 企业为职工负担个人所得税款的会计处理

(1) 企业为职工全额负担个人所得税款。

【例 5-26】 某企业行政人员周某工资、薪金月收入5 100元，企业为职工全额负担个人所得税款。计算周某应纳的个人所得税并作会计处理。

相关计算及会计处理如下：

应纳税所得额 = (5 100 - 3 500 - 105) ÷ (1 - 10%) = 1 661(元)；

应纳个人所得税 = 1 661 × 10% - 105 = 61.1(元)。

(1) 企业计提代付职工个人所得税时：

借：管理费用　　61.1

　　贷：应交税费——代扣代缴个人所得税　　61.1

(2) 上缴税款时：

借：应交税费——代扣代缴个人所得税　　61.1

　　贷：银行存款　　61.1

(2) 企业为职工定额负担个人所得税款。

【例 5-27】 某企业一生产技术人员月工资、薪金收入5 200元，按规定，企业为职工负担个人所得税每月50元。计算该生产技术人员应纳的个人所得税并作会计处理。

相关计算及会计处理如下：

应纳税所得额 =5 200 +50 -3 500 =1 750（元）；

应缴个人所得税 =1 750 ×10% -105 =70（元）；

职工负担的个人所得税 =70 -50 =20（元）。

（1）计提代付职工定额税款时：

借：制造费用　　50

　贷：应交税费——代扣代缴个人所得税　　50

（2）支付职工工资时：

借：应付职工薪酬　　5 200

　贷：库存现金　　5 180

　　应交税费——代扣代缴个人所得税　　20

（3）上交税款时：

借：应交税费——代扣代缴个人所得税　　70

　贷：银行存款　　70

（3）企业为职工负担一定比例的个人所得税款。

【例5-28】 某企业一管理人员月工资、薪金6 300元，企业负担其个人所得税应纳税款的30%。计算该管理人员应纳的个人所得税并作会计处理。

相关计算及会计处理如下：

应纳个人所得税 =（6 300 -3 500）×10% -105 =175(元)；

企业应负担的税款 =175 ×30% =52. 5(元)；

职工负担的个人所得税 =175 -52. 5 =122. 5(元)。

（1）企业为职工按比例计提税款时：

借：管理费用　　52. 5

　贷：应交税费——代扣代缴个人所得税　　52. 5

（2）支付职工工资时：

借：应付职工薪酬　　6 300

　贷：库存现金　　6 177. 5

　　应交税费——代扣代缴个人所得税　　122. 5

(3) 上交税款时：

借：应交税费——代扣代缴个人所得税　175

　　贷：银行存款　175

(二) 承包、承租经营所得个人所得税的会计处理

纳税人所从事的承包、承租经营情况不同，其会计处理方式也就不同，大体有以下两种情况：

(1) 承包、承租人对企业经营成果不拥有所有权，仅是按合同（协议）规定取得一定所得的，其所得按工资、薪金所得项目征税，适用3%～45%的七级超额累进税率。

这种情况下，承包、承租人取得所得的性质与工资薪金类似，企业的会计处理方式与工资薪金所得扣缴所得税的会计处理相同。

(2) 承包、承租人按合同（协议）规定只向发包、出租方缴纳一定费用后，企业经营成果归其所有的，承包、承租人取得的所得，按对企事业单位的承包、承租经营所得项目征税，适用5%～35%的五级超额累进税率。

这种情况下，由承包、承租人自行申报缴纳个人所得税，类似个体工商户所得，其会计处理与个体工商户所得的会计处理相同，而发包、出租方不做扣缴所得税的会计处理。

(三) 劳务报酬个人所得的会计处理

劳务报酬所得按次纳税，适用三级超额累进税率，但对于劳务报酬所得一次收入畸高的，可以实行加成征收。

所谓劳务报酬所得一次收入畸高是指个人一次取得劳务报酬，其应纳税所得额超过20 000元，其中，对于纳税人一次应纳税所得额超过20 000～50 000元的部分，依照税法规定计算应纳税额后再按照应纳税额加征五成；超过50 000元的部分加征十成。

应纳税额为纳税人每次收入总额减去费用800元（每次收入额不超过4 000元时）或者减去20%的费用（每次收入超过4 000元时）后的余额。相关计算如下：

(1) 每次收入不足4 000元。

应纳税额 = 应纳税所得额 × 适用税率 − 速算扣除数

=（每次收入额 - 800）× 适用税率 - 速算扣除数

（2）每次收入在 4 000 元以上。

应纳税额 = 应纳税所得额 × 适用税率 - 速算扣除数

= 每次收入额 ×（1 - 20%）× 适用税率 - 速算扣除数

【例 5-29】 某大型娱乐城因业务需要，聘请某装潢师对该娱乐城进行装饰，一次性支付劳务报酬 150 000 元，计算该单位代缴的个人所得税并作会计处理。

相关计算及会计处理如下：

应纳税所得额 = 150 000 ×（1 - 20%）= 120 000（元）；

应纳税额 = 120 000 × 40% - 7 000 = 41 000（元）。

（1）计算代扣代缴个人所得税款时：

借：销售费用　41 000

　　贷：应交税费——代扣代缴个人所得税　41 000

（2）缴纳个人所得税时：

借：应交税费——代扣代缴个人所得税　41 000

　　贷：银行存款　41 000

（四）稿酬所得的会计处理

企业支付稿酬时，因为稿酬是出版社、报社杂志社经营过程中的主要成本，应将其作为直接成本计入图书或报纸杂志的成本。计算出应代扣代缴的个人所得税，按代扣的所得税，借记“销售费用”等相关账户，贷记“应交税费——代扣代缴个人所得税”账户；税款实际向税务机关缴纳时，借记“应交税费——代扣代缴个人所得税”账户，贷记“银行存款”账户。

【例 5-30】 某教授在某出版社出版一部专著，出版社支付其稿酬 35 000元，计算该出版社应代扣代缴的个人所得税，并做相应会计分录。

相关计算及会计处理如下：

出版社应代扣代缴的个人所得税 = 35 000 ×（1 - 20%）×（1 - 30%）× 20% = 3 920（元）。

（1）出版社扣缴个人所得税时：

借：销售费用　35 000

贷：应交税费——代扣代缴个人所得税　　3 920

银行存款　　31 080

（2）出版社实际缴纳税款时：

借：应交税费——代扣代缴个人所得税　　3 920

贷：银行存款　　3 920

（五）特许权使用费所得的会计处理

企业在向个人支付特许权使用费时，一般应将发生的代扣代缴的个人所得税计入管理费用。发生购买特许权使用费业务时，计算出应代扣代缴的个人所得税，按代扣的所得税，借记“无形资产”等账户，贷记“应交税费——代扣代缴个人所得税”账户；税款实际向税务机关缴纳时，借记“应交税费——代扣代缴个人所得税”账户，贷记“银行存款”账户。

【例5-31】 某企业向某专家购买了一项专利技术使用权，支付特许权使用费400 000元，计算企业代扣代缴的个人所得税，并做相应会计分录。

相关计算及会计处理如下：

企业应代扣代缴的个人所得税 = 400 000 ×（1 - 20%）× 20% = 64 000（元）。

（1）该企业计提扣缴个人所得税时：

借：无形资产　　400 000

贷：应交税费——代扣代缴个人所得税　　64 000

银行存款　　336 000

（2）实际向税务机关缴纳税款时：

借：应交税费——代扣代缴个人所得税　　64 000

贷：银行存款　　64 000

三、个体工商户生产经营所得缴纳个人所得税的账务处理

个体工商户缴纳个人所得税有查账征收和核定征收两种形式。

查账征收适用于账册健全、核算完整的纳税人，其应缴纳的个人所得税，是以每一年度的收入总额减除成本、费用和损失后的余额，按适用税率计算。相关会计核算通过“留存收益”和“应交税费——代扣代缴个人所得税”等

账户进行。在计算应纳个人所得税时，借记“留存收益”账户，贷记“应交税费——代扣代缴个人所得税”账户；税款实际上缴入库时，借记“应交税费——代扣代缴个人所得税”账户，贷记“银行存款”账户。

核定征收适用于账册不健全，不能完整核算的纳税人。

【例5-32】 某个体工商户2011年全年经营收入480 000元，发生生产经营成本、费用总额为350 000元，按税法规定，计算应缴纳的个人所得税，并做相应会计处理。

相关计算及会计处理如下：

应纳税所得额＝480 000－350 000－42 000＝88 000（元）；

企业应缴纳的个人所得税＝88 000×30%－9 750＝16 658（元）。

（1）企业支付该项劳务报酬时：

借：留存收益　　16 658

　　贷：应交税费——代扣代缴个人所得税　　16 658

（2）企业实际缴纳税款时：

借：应交税费——代扣代缴个人所得税　　16 658

　　贷：银行存款　　16 658

第四节　个人所得税的纳税申报

根据个人所得税法和征管法的相关规定，个人所得税采取自行申报纳税和源泉扣缴相结合的办法进行税款的申报与缴纳。此外，对于生产、经营规模小，达不到《个体工商户建账管理暂行办法》规定设置账簿标准的个体工商户则采取定额征收管理办法进行税款的申报与缴纳。

一、自行申报纳税

自行申报纳税是由纳税人在税法规定的纳税期限内，自行向税务机关申报取得的应税所得项目和数额，如实填写个人所得税纳税申报表，并按照税法规定计算应纳税额，据此缴纳个人所得税的一种方法。

（一）自行申报纳税的申报条件

依据个人所得税法负有纳税义务的纳税人，出现下列情形之一的，应当按照规定向税务机关自行申报纳税：

（1）年所得12万元以上的。

（2）从中国境内两处或者两处以上取得工资、薪金所得的。

（3）从中国境外取得所得的。

（4）取得应税所得，没有扣缴义务人的。

（5）国务院规定的其他情形。

注意：年所得12万元以上的纳税人，无论取得的各项所得是否已足额缴纳了个人所得税，均应于纳税年度终了后向主管税务机关办理纳税申报；其他情形的纳税人均应于取得所得后向主管税务机关办理纳税申报。

年所得12万元以上的纳税人不包括在中国境内无住所，且在一个纳税年度内在中国境内居住不满一年的个人；从中国境外取得所得的纳税人是指在中国境内有住所，或者无住所而在一个纳税年度内在中国境内居住满一年的个人。

（二）自行申报纳税的申报方式

纳税人可以根据具体情况，选择适合的纳税申报方式，具体纳税申报方式包括以下几种情况：

（1）数据电文方式。纳税人采用数据电文方式向税务机关申报纳税的，应当按照税务机关规定的期限和要求保存有关纸质资料。

（2）邮寄方式。纳税人采用邮寄方式向税务机关申报纳税的，应当以邮政部门挂号信函收据作为申报凭据，以寄出的邮戳日期为实际申报日期。

（3）直接纳税申报方式。纳税人直接到税务机关申报纳税。

（4）其他申报纳税方式。

（三）自行申报纳税的纳税期限

自行申报的纳税人，在取得应纳税所得后，必须在如下税法规定的期限，自行到主管税务机关申报纳税。

（1）年所得12万元以上的纳税人，在纳税年度终了后3个月内向主管税务机关办理纳税申报。

（2）个体工商户和个人独资、合伙企业投资者取得的生产、经营所得应纳的税款，分月预缴的，纳税人在每月终了后7日内办理纳税申报；分季预缴的，纳税人在每个季度终了后7日内办理纳税申报；纳税年度终了后，纳税人在3个月内进行汇算清缴。

（3）纳税人年终一次性取得对企事业单位的承包经营、承租经营所得的，自取得所得之日起30日内办理纳税申报；在一个纳税年度内分次取得承包经营、承租经营所得的，在每次取得所得后的次月7日内申报预缴，纳税年度终了后3个月内汇算清缴。

（4）从中国境外取得所得的纳税人，在纳税年度终了后30日内向中国境内主管税务机关办理纳税申报。

（5）除以上规定的情形外，纳税人取得其他各项所得须申报纳税的，在取得所得的次月7日向内主管税务机关办理纳税申报。

此外，如果纳税人不能按照规定的期限向主管税务机关办理纳税申报，需要延期的，必须向主管税务机关提出申请，经主管税务机关批准后方可延期。

（四）纳税地点

（1）从两处或者两处以上取得工资、薪金所得的，选择并固定向其中一处单位所在地主管税务机关申报。

（2）从中国境外取得所得的，向中国境内户籍所在地主管税务机关申报。在中国境内有户籍，但户籍所在地与中国境内经常居住地不一致时，选择并固定其中一处所在地主管税务机关申报；在中国境内没有户籍的，向中国境内经常居住地主管税务机关申报。

（3）个体工商户向实际经营所在地主管税务机关申报。

（4）个人独资、合伙企业投资者兴办两个或两个以上企业的，区分不同情形确定纳税申报地点：

①兴办的企业全部是个人独资性质的，分别向各企业的实际经营管理所在地主管税务机关申报；

②兴办的企业中含有合伙性质的，向经常居住地主管税务机关申报；

③兴办的企业中含有合伙性质，个人投资者与其兴办企业的经营管理所在地不一致的，选择并固定向其参与兴办的某一合伙企业的经营管理所在地主管税务机关申报。

此外，年所得在 12 万元以上的纳税人，其规定申报地点分别为：

（1）在中国境内有任职、受雇单位的，向任职、受雇单位所在地主管税务机关申报。

（2）在中国境内有两处或两处以上任职、受雇单位的，选择并固定向其中一单位所在地主管税务机关申报。

（3）在中国境内无任职、受雇单位的，年所得项日中有个体工商户生产、经营所得或者对企事业单位的承包经营、承租经营所得的，向其中一处实际生产、经营所在地主管税务机关申报。

（4）在中国境内无任职、受雇单位，年所得项目中无生产、经营所得的，向户籍所在地主管税务机关申报。在中国境内有户籍，但户籍所在地与中国境内经常居住地不一致时，选择并固定其中一处所在地主管税务机关申报；在中国境内没有户籍的，向中国境内经常居住地主管税务机关申报。

二、源泉扣缴纳税申报方式

源泉扣缴纳税申报方式又称代扣代缴纳税申报方式，是指按照税法规定负有扣缴税款义务的单位或者个人，在向个人支付应纳税所得时，计算其应纳税额，从其所得中扣除并缴入国库，同时向税务机关报送扣缴个人所得税报表。

（一）扣缴义务人

凡支付个人应纳税所得的企业、事业单位、机关、社团组织、军队、驻华机构、个体户等单位或者个人，均为个人所得税的扣缴义务人。但驻华机构不包括外国驻华使馆和联合国及其他依法享有外交特权和豁免的国际组织驻华机构。

（二）代扣代缴范围

扣缴义务人在向个人支付下列项目所得时，应代扣代缴个人所得税：

（1）工资、薪金所得。

（2）对企业事业单位承包经营、承租经营所得。

（3）劳务报酬所得。

（4）稿酬所得。

（5）特许权使用费所得。

（6）利息、股息、红利所得。

（7）财产租赁所得。

（8）财产转让所得。

（9）偶然所得。

（10）经国务院财政部门确定征税的其他所得。

（三）扣缴义务人法定义务

扣缴义务人在向个人支付应纳税所得时，无论纳税人是否属于本单位人员，均应代扣代缴其应纳的个人所得税。

若纳税人拒绝支付其应纳税款，扣缴义务人应及时报告税务机关，并暂停支付其应纳税所得额。

（四）代扣代缴的纳税期限

扣缴义务人每月扣缴的税款，应在次月15日内缴入国库，并向主管税务机关报送《扣缴个人所得税报告表》、代扣代收凭证等各种税务机关要求报送的资料。

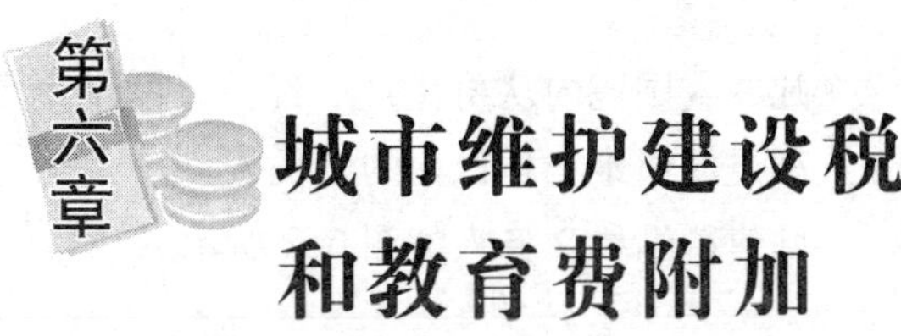

城市维护建设税和教育费附加

第一节 城建税概述

一、城建税的含义及特点

城市维护建设税，是国家对缴纳增值税、消费税、营业税（简称“三税”）的单位和个人，就其实际缴纳的“三税”税额为计税依据征收，税款专项用于城市、县城、乡镇维护建设方面的一种税。它属于特定目的税，是国家为加强城市的维护建设，扩大和稳定城市建筑资金的来源而采取的一项税收措施。

城市维护建设税有以下显著特点：

（1）具有附加税性质。

（2）具有特定目的。

城建税的含义及特点如图6-1所示。

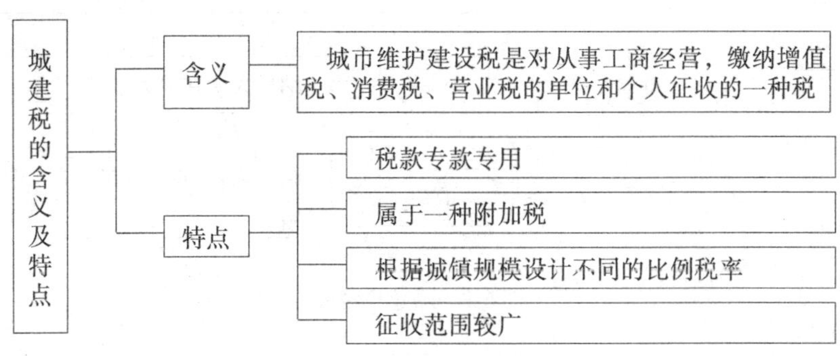

图6-1 城建税的含义及特点

二、城建税纳税义务人

凡在我国境内从事生产、经营，缴纳增值税、消费税和营业税的单位和个人都是城市维护建设税的纳税人。

城建税纳税义务人如图 6-2 所示。

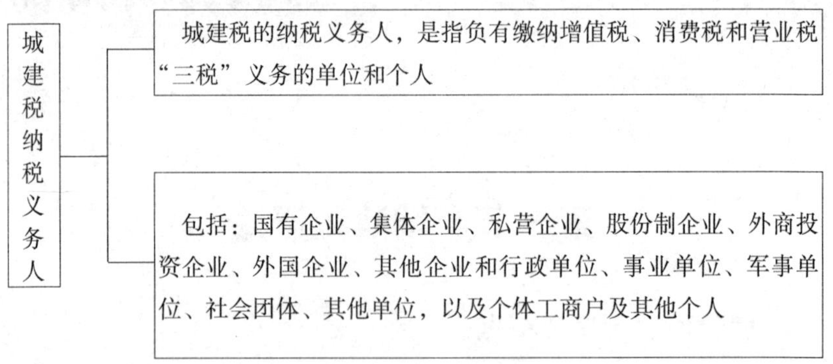

图 6-2　城建税纳税义务人

三、城建税税率

城市维护建筑税采用地区差别比例税率。具体税率如图 6-3 所示。

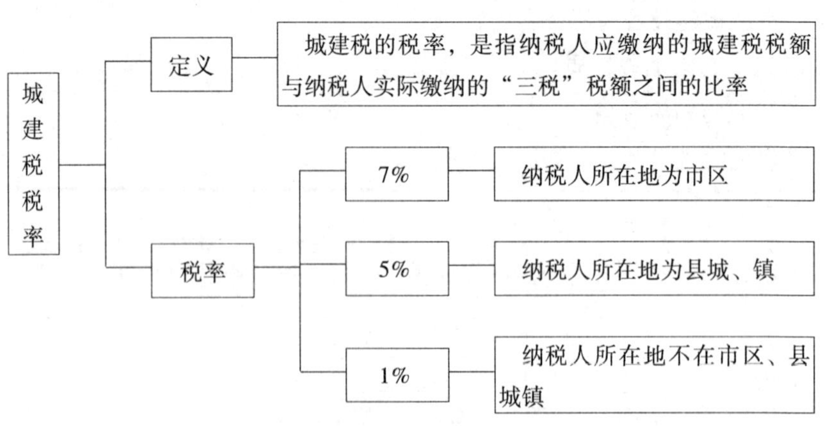

图 6-3　城建税税率

四、城建税计税依据

城建税的计税依据，是指纳税人实际缴纳的“三税”税额。

纳税人违反“三税”有关税法而加收的滞纳金和罚款，是税务机关对纳税人违法行为的经济制裁，不作为城建税的计税依据，但纳税人在被查补“三税”和被处以罚款时，应同时对其偷漏的城建税进行补税、征收滞纳金和罚款。

城建税以“三税”税额为计税依据并同时征收，如果要免征或者减征“三税”，也要同时免征或者减征城建税。

自1997年1月1日起，供货企业向出口企业和市县外贸企业销售出口产品时，以增值税当期销项税额抵扣进项税额后的余额，计算缴纳城建税。但对出口产品退还增值税、消费税的，不退还已缴纳的城建税。海关对进口产品代征的增值税、消费税，不征收城建税。

自2005年1月1日起，经国家税务总局正式审核批准的当期免抵的增值税税额应纳入城市维护建设税和教育费附加的计征范围，分别按规定的税（费）率征收城市维护建设税和教育费附加。2005年1月1日前，已按免抵的增值税税额征收的城市维护建设税和教育费附加不再退还，未征的不再补征。

第二节　城建税的计算

城建税纳税人的应纳税额大小是由纳税人实际缴纳的“三税”税额决定的，其计算公式为：

应纳税额 =（增值税 + 消费税 + 营业税税额）× 适用税率

【例6-1】　位于市区的某自营出口生产企业，2011年6月增值税应纳税额为 -280万元，出口货物的“免抵退”税额为400万元；企业将其自行研发的动力节约技术转让给一家科技开发公司，获得转让收入80万元。城建税计算如下：

根据规定，出口企业当期免抵的增值税税额应纳入城建税和教育费附加计征范围。

该企业应退的增值税额为280万元，免抵的增值税额＝400－280＝120（万元）；

应缴纳的城建税＝120×7%＝8.4（万元）。

该企业转让自行开发技术获得的转让收入，属于营业税的免税项目，所以也不需计算城建税。

第三节　城建税的会计处理

纳税人计算缴纳城市维护建设税时应通过“应交税费——应交城市维护建设税”账户核算。计提城市维护建设税时，应借记“营业税金及附加”账户，贷记“应交税费——应交城市维护建设税”账户；缴纳城市维护建设税时，应借记“应交税费——应交城市维护建设税”账户，贷记“银行存款”账户。该账户期末贷方余额反映企业应缴而未缴的城市维护建设税。

【例6-2】　安源县某公司2011年12月缴纳增值税80 000元，消费税24 000元。

相关计算及会计处理如下：

应交城建税税额＝（80 000＋24 000）×5%＝5 200（元）。

（1）计提税金时：

借：营业税金及附加　　5 200

　　贷：应交税费——应交城市维护建设税　　5 200

（2）缴纳税金时：

借：应交税费——应交城市维护建设税　　5 200

　　贷：银行存款　　5 200

第四节 城建税的纳税申报

一、城建税纳税地点

城建税纳税地点如图 6-4 所示。

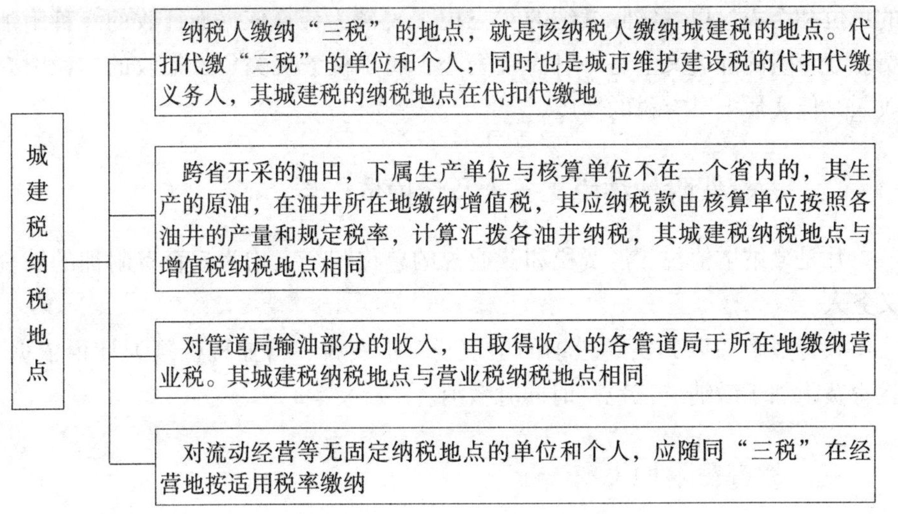

图 6-4 城建税纳税地点

二、城建税纳税期限

由于城建税是由纳税人在缴纳“三税”时同时缴纳的，所以其纳税期限分别与“三税”的纳税期限一致。根据增值税法和消费税法规定，增值税、消费税的纳税期限均分别为 1 日、3 日、5 日、10 日、15 日或者 1 个月；根据营业税法规定，营业税的纳税期限分别为 5 日、10 日、15 日或者 1 个月。增值税、消费税、营业税的纳税人的具体纳税期限，由主管税务机关根据纳税人应纳税额大小分别核定；不能按照固定期限纳税的，可以按次纳税。

由于《城市维护建设税暂行条例》是在 1994 年分税制前制定的，1994 年后，增值税、消费税由国家税务局征收管理，而城市维护建设税由地方税务局征收管理，因此，在缴税入库的时间上不一定完全一致。

第五节　教育费附加

一、教育费附加的概念

教育费附加是国家对缴纳增值税、消费税、营业税（以下简称“三税”）的单位和个人，以其实际缴纳的“三税”税额为计算依据而征收的一种附加费。教育费附加名义上是一种专项资金，属于税务机关负责征收的非税财政收入，但实质上具有税的性质。

二、教育费附加纳税义务人及计税依据

凡是缴纳增值税、消费税和营业税的单位和个人均为教育费附加的纳税义务人。

教育费附加以其实际缴纳的增值税、消费税、营业税税额为计税依据。教育费附加于缴纳“三税”时同时缴纳。

三、教育费附加税率

教育费附加采用3%的征收率进行征税。

此外，货物运输业按代开发票纳税人管理的所有单位和个人（包括外商投资企业），凡按照规定征收营业税的，在代开货物运输发票时一律按3%征收营业税，并按营业税税款的3%征收教育费附加。在代开发票时已征收的属于法律、法规规定的减征或者免征的教育费附加，在下一征期退税。

四、应纳税额的计算

应纳教育费附加＝（实际缴纳的增值税＋消费税＋营业税）×征收比率

【例6-3】　某市区一家企业5月份实际缴纳增值税200 000元，缴纳消费税300 000元，缴纳营业税100 000元。计算该企业应缴纳的教育费附加。

应纳教育费附加＝(200 000 ＋300 000 ＋100 000)×3% ＝18 000（元）。

五、教育费附加的会计处理

企业在计算并缴纳教育费附加时应通过“应交税费——应交教育费附加”科目核算。计提应交教育费附加时，借记“营业税金及附加”、“固定资产清理”等科目，贷记“应交税费——应交教育费附加”科目；实际缴纳教育费附加时，借记“应交税费——应交教育费附加”科目，贷记“银行存款”科目。期末贷方余额，反映企业应缴而未缴的教育费附加。

【例6-4】 地处某市的某工厂2011年5月31计算出企业当月应交的增值税65 000元。试作会计处理。

相关计算及会计处理如下：

应缴纳的教育费附加=65 000×3%=1 950（元）。

（1）计提应缴纳的教育费附加时：

借：营业税金及附加　　1 950

　　贷：应交税费——应交教育费附加　　1 950

（2）缴纳教育费附加时：

借：应交税费——应交教育费附加　　1 950

　　贷：银行存款　　1 950

资源税

第一节　资源税概述

一、资源税的含义及特点

（一）资源税的含义

资源税是对在我国境内从事开采应税资源的矿产品或者生产盐的单位和个人，以其应税产品销售数量或自用数量为计税依据而征收的一种税。

我国征收资源税的目的是为了通过征收资源税把企业因开采生产应税产品的部分级差收入收归国有，从而促进资源开发企业的公平竞争，维护国家资源的合理开发和利用。

（二）资源税的特点

我国征收资源税具有如下特点：

1. 资源税进口不征，出口不退

资源税的纳税环节是应税矿产品的开采环节和盐的生产环节，因此，凡是在我国境内开采的应税矿产品和生产的盐，无论最终是销售还是自用，都要缴纳资源税。

注：国家规定对于进口的应税矿产品和盐不征收资源税，出口销售的应税矿产品和盐也免征或退还已纳资源税。

2. 资源税既是对内税，又是对外税

税法规定凡是在我国境内开采应税矿产品或者生产盐的单位或个人，包括内资企业、外资企业和个人，均为资源税的纳税义务人。

但下列情况除外：中外合作开采石油、天然气的企业，不征资源税，不属于资源税的纳税义务人。

3. 具有级差收入税的特点

现实生活中部分占用和开发优质资源的企业和经营者，因资源条件的优越可以获得平均利润以外的级差收入；而开发和占用劣质资源的企业和经营者，则不能获得级差收入，因此为了调节因资源条件不同而产生的级差收入，我国对同一资源实行高低不同的差别税率。

4. 只对特定资源征税

现行资源税法规定，并不是对所有自然资源都征收资源税。资源税的征税对象是应税矿产品和盐，其中矿产品包括：原油、天然气、煤炭、其他非金属矿原矿、黑色金属矿原矿和有色金属矿原矿。

二、纳税义务人

资源税的纳税人不仅包括直接负有纳税义务的单位和个人，还包括代扣代缴的纳税义务人。

（一）纳税人

资源税税法规定凡是我国境内从事开采应税矿产品或者生产盐（以下简称开采或者生产应税产品）的单位和个人均为资源税的纳税人。

其中“单位”是指国有企业、集体企业、私有企业、股份制企业、外商投资企业、外国企业、其他企业和行政单位、事业单位、军事单位、社会团体及其他单位；“个人”是指个体经营者及其他个人。

值得注意的是：中外合作开采石油、天然气，按照现行规定只征收矿区使用费，暂不征收资源税。因此，中外合作开采石油、天然气的企业不是资源税的纳税人。

（二）扣缴义务人

为了加强税收管理，避免漏税，对于某些零星、分散、不定期开采、不易控管的情况，税法规定收购未税矿产品的独立矿山、联合企业和其他单位，为资源税的扣缴义务人，在收购矿产品时代扣代缴资源税。

“独立矿山”是指只有采矿或只有采矿和选矿、独立核算、自负盈亏的单位，其生产的原矿和精矿主要用于对外销售。

“联合企业”是指采矿、选矿、冶炼（或加工）连续生产的企业或采矿、冶炼（或加工）连续生产的企业，其采矿单位一般是该企业的二级或二级以下核算单位。

“其他收购未税矿产品的单位”是指自已并不生产应税矿产品，而从事矿产品原矿收购自用或卖给其他使用单位的矿产品收购单位。

扣缴义务人履行代扣代缴的适用范围是：收购的除原油、天然气、煤炭以外的资源税未税矿产品。

三、资源税的税目与税额

（一）资源税税目的一般规定

税目是资源税征税对象的具体表现形式。我国现行资源税法主要规定了原油、天然气、煤炭、其他非金属矿原矿、黑色金属矿原矿、有色金属矿原矿和盐七类税目。具体如下：

（1）原油，指开采的天然原油，不包括人造石油。

（2）天然气，指专门开采或与原油同时开采的天然气，暂不包括煤矿生产的天然气。

（3）煤炭，指原煤，不包括洗煤、选煤及其他原煤的加工产品（即煤炭制品）。

（4）其他非金属矿原矿，指除原油、天然气、煤炭和井矿盐以外的非金属矿原矿。主要包括宝石、金刚石、玉石、石墨、石英砂、云母、大理石、花岗石、石灰石、石膏、石棉、硫铁矿、磷铁矿等。

（5）黑色金属矿原矿，指纳税人开采后自用、销售的，用于直接入炉冶炼或作为主产品先选精矿、制造人工矿，再入炉冶炼的黑色金属矿石原矿，具体包括铁矿石、锰矿石和铬矿石等。

（6）有色金属矿原矿，具体包括铜矿石、铅锌矿石、铝土矿石、钨矿石、锡矿石、锑矿石、舶矿石、镍矿石、黄金矿石等。

（7）盐，包括固体盐和液体盐两种。固体盐是指用海、湖水晒制和加工出来呈现固体颗粒状态的盐，具体包括海盐原盐、湖盐原盐和井矿盐；液体盐指卤水，即氯化钠含量达到一定浓度的溶液，是用于生产碱和其他产品的原料。

（二）资源税税目的特殊规定

资源税税法对伴生矿、伴采矿、伴选矿和岩金矿征税的主要规定如下：

1. 伴生矿

伴生矿是指在同一矿床内，除主要矿种之外，还含有多种可供工业利用的成分，这些成分即称为伴生矿。税法规定，在确定伴生矿应纳资源税税额时，以主产品元素成分作为资源税税额的主要依据，同时也考虑作为副产品的元素成分，但应以主产品的矿石名称作为应税品目。如攀枝花矿山开采的钒钛磁铁矿，它以铁矿石作为主要成分开采，其钒钛是伴生的副产品，因此只以铁矿石作为应税品目。

2. 伴采矿

伴采矿是指开采单位在同一矿区内开采主产品时伴采出来的非主产品的矿石。税法规定，伴采矿量大的，由省、市、自治区人民政府根据规定对其核定资源税单位税额标准；伴采矿量小的，在销售时按照国家对收购单位规定的相应品目的单位税额标准缴纳资源税。

3. 伴选矿

伴选矿是指在对矿石原矿中所含主产品进行选精矿的监工过程中，以精矿形式伴选出来的副产品。税法规定，对于以精矿形式伴选出的副产品不征收资源税。

4. 岩金矿

岩金矿已缴纳过资源税，选冶后形成的尾矿进行再利用的，只要纳税人能够在统计、核算上清楚地反映，并在堆放等具体操作上能够同应税原矿明确区隔开，不再征收资源税。尾矿与原矿不能划分清楚的，应按原矿计征资源税。

（三）资源税的税目、税额

根据税法规定，资源税按照应税资源的地理位置、开采条件、资源优劣等，实行地区差别幅度定额税率。资源税税目、税额表如表 7-1 所示。

表 7-1　资源税税目、税额表

税　目		税　率
一、原油		销售额的 5% ~10%
二、天然气		销售额的 5% ~10%
三、煤炭	焦煤	每吨 8 ~20 元
	其他煤炭	每吨 0.3 ~5 元
四、其他非金属矿原矿	普通非金属矿原矿	每吨或每立方米 0.5 ~20 元
	贵重非金属矿原矿	每千克或者每克拉 0.5 ~20 元
五、黑色金属矿原矿		每吨 2 ~30 元
六、有色金属矿原矿	稀土矿	每吨 0.4 ~60 元
	其他有色金属矿原矿	每吨 0.4 ~30 元
七、盐	固体盐	每吨 10 ~60 元
	液体盐	每吨 2 ~10 元

对《资源税税目税额明细表》中未列举名称的纳税人适用的税率，由省、自治区、直辖市人民政府根据纳税人资源状况，参照邻近矿山税率标准，在浮动 30% 幅度内核定，并报财政部和国家税务总局备案。

对冶金矿山铁矿石资源税减征 40%，按规定税额标准的 60% 征收。

第二节　资源税的计算

一、资源税课税数量的确定

为保证纳税人正确计算应纳税额，就必须正确核算课税数量。根据国家税法规定，课税数量的确定包括以下几种情况：

（1）纳税人开采或者生产应税产品直接对外销售的，以实际销售数量为课税数量。

（2）纳税人开采或者生产应税产品自用的，以自用数量为课税数量。

（3）纳税人不能准确提供应税产品销售数量或移送使用数量的，以应税产品的产量或主管税务机关确定的折算比例换算的数量为依据，确认课税数量。

（4）纳税人开采或者生产不同税目应税产品的，应当分别核算不同税目应税产品的课税数量。未分别核算或者不能准确提供不同税目应税产品的课税数量的，从高适用税额计税。

（5）原油中的稠油、高凝油与稀油划分不清或不易划分的，一律按原油的数量确认课税数量。

（6）金属和非金属矿产品原矿，因无法准确掌握纳税人移送使用原矿数量的，可对其精矿按选矿比折算成原矿数量，作为课税数量。

（7）煤炭。对于连续加工前无法正确计算原煤移送量的，可按加工产品的综合回扣率，将加工产品实际销量和自用量折算成原煤数量作为课税数量。

（8）纳税人自产的液体盐加工成固体盐，以加工的固体盐数量为课税数量。如果纳税人以外购的液体盐加工成固体盐，其加工固体盐所耗液体盐的已纳税额准予在其应纳固体盐税额中抵扣。

二、资源税应纳税额的计算公式

资源税采用从量定额征收办法，根据应税产品的课税数量和适用的单位税额可以计算应纳的资源税。

（1）纳税人开采或生产的应税产品直接对外销售，计算公式为：

应纳税额 = 销售数量 × 单位税额

（2）纳税人将开采或生产的应税产品自用或捐赠，计算公式为：

应纳税额 = 自用数量或捐赠数量 × 单位税额

（3）收购未完税产品，于收购环节代扣代缴资源税，计算公式为：

应代扣代缴资源税 = 收购数量 × 单位税额

第三节　资源税的会计处理

一、资源税核算的账户设置

为了保证在计算并缴纳资源税时能够及时准确的进行会计核算，企业应设置“应交税费——应交资源税”账户。该账户是负债类科目，贷方核算企业依法应缴纳的资源税，借方核算企业已缴纳或允许抵扣的资源税，期末余额在贷方，反映企业期末应缴未缴的资源税额。

二、资源税的会计处理

（一）销售应税资源产品的会计处理

企业按规定计算出对外销售应税产品的资源税时，借记“营业税金及附加”，贷记“应交税费——应交资源税”；纳税人向税务机关实际上缴资源税时，借记“应交税费——应交资源税”，贷记“银行存款”。

【例 7-1】 某铜矿 4 月销售精铜矿 4 500 吨，税务机关无法准确掌握入选精铜矿时移送使用的铜矿石原矿量，只知道其选矿比为 1∶35，该铜矿资源等级属于三等，单位税额为 1.40 元/吨。该铜矿纳税期为 1 个月。

相关计算及会计处理如下：

应纳资源税税额 $=1.4\times4\ 500\times35=220\ 500$（元）。

（1）计算出应纳资源税时：

借：营业税金及附加　　220 500

　　贷：应交税费——应交资源税　　220 500

（2）缴纳资源税税款时：

借：应交税费——应交资源税　　220 500

　　贷：银行存款　　220 500

（二）自产自用应税资源产品的会计处理

对企业自产自用应税产品，应缴纳的税金不计入产品销售税金，而是计入产品的生产成本。借记“生产成本”或“制造费用”，贷记“应交税费——应交资源税”；纳税人实际向税务机关缴纳税款时，借记“应交税费——应交资源税”，贷记“银行存款”。

【例7-2】 某油田4月原油实际产量85 000吨，自产自用62 000吨，按规定计提的资源税450 000元，其中，应记入“生产成本”的400 000元，记入“制造费用”的50 000元。

相关会计处理如下。

(1) 计提资源税时：

借：生产成本 400 000
　　制造费用 50 000
　　贷：应交税费——应交资源税 450 000

(2) 缴纳资源税时：

借：应交税费——应交资源税 450 000
　　贷：银行存款 450 000

(三) 收购未税矿产品的会计处理

独立矿山、联合企业收购未税矿产品，按实际支付的收购款，借记“材料采购”等，贷记“银行存款”。按代扣代缴的资源税，借记“材料采购”，贷记“应交税费——应交资源税”，将代扣代缴的资源税上缴税务机关时，借记“应交税费——应交资源税”，贷记“银行存款”。

【例7-3】 某企业收购未税矿石2 500吨，实际支付货款600 000元，按规定代扣代缴的资源税为30 000元，款项以银行存款支付。

相关会计处理如下。

(1) 计提应代扣代缴的资源税时：

借：材料采购 630 000
　　贷：银行存款 600 000
　　　　应交税费——应交资源税 30 000

(2) 上缴资源税时：

借：应交税费——应交资源税 30 000
　　贷：银行存款 30 000

（四）外购液体盐加工固体盐的会计处理

企业外购液体盐加工成固体盐，在购入液体盐时，按允许抵扣的资源税，借记“应交税费——应交资源税”，按外购价款扣除允许抵扣资源税后的数额，借记“材料采购”等，按实际支付或应付的全部价款，贷记“银行存款”或“应付账款”、“应付票据”。企业加工成固体盐出售时，按计算出的固体盐应交的资源税，借记“营业税金及附加”，贷记“应交税费——应交资源税”，而将销售固体盐应缴纳资源税抵扣液体盐已纳资源税后的差额上缴时，借记“应交税费——应交资源税”，贷记“银行存款”。

【例7-4】 某盐场11月购进液体盐1 500吨用于加工固体盐，支付价款150 000元，增值税25 500元；本月销售固体盐600吨，不含税价款120 000元（液体盐单位税额3元/吨，固体盐单位税额10元/吨）。

相关会计处理如下。

（1）购入液体盐时：

借：材料采购　150 000

　　应交税费——应交增值税（进项税额）　25 500

　　　　　　——应交资源税　4 500

　　贷：银行存款　180 000

（2）销售固体盐时：

借：银行存款　140 400

　　贷：主营业务收入　120 000

　　　　应交税费——应交增值税（销项税额）　20 400

（3）销售固体盐应纳资源税：

借：营业税金及附加　6 000

　　贷：应交税费——应交资源税　6 000

（4）企业按规定缴纳税金时：

借：应交税费——应交资源税　（6 000 – 4 500）1 500

　　贷：银行存款　1 500

第四节 资源税的纳税申报

一、资源税的纳税义务发生时间

纳税义务发生时间是指纳税人发生应税行为并承担纳税义务的起始时间。根据纳税人的生产经营、结算方式和资源税征收方式的不同，其纳税义务发生时间可分为以下几种情况：

（1）纳税人销售应税产品，其纳税义务发生时间为：

①采用分期收款结算方式的，其纳税义务发生时间为销售合同规定的收款日期的当天；

②采用预收货款结算方式的，其纳税义务发生时间为发出应税产品的当天；

③采用其他结算方式的，其纳税义务发生时间为收讫销售款或取得索取销售款凭据的当天。

（2）纳税人自产自用应税产品的，其纳税义务发生时间为移送使用应税产品的当天。

（3）扣缴义务人代扣代缴税款，其纳税义务发生时间为扣缴义务人支付贷款的当天。

二、资源税的纳税地点

根据纳税人销售或使用应税产品的方式及地点的不同，纳税地点可分为以下几种情况：

（1）纳税人应当向应税产品的开采或者生产所在地主管税务机关缴纳。

（2）扣缴义务人代扣、代缴资源税，应当向收购地主管税务机关缴纳。

（3）纳税人在本省、自治区、直辖市范围内开采或者生产应税产品，其纳税地点需要调整的，由省、直辖市、自治区税务机关确定。

（4）纳税人跨省开采资源税应税产品，其下属生产单位与核算单位不在同一省、自治区、直辖市的，对其开采的矿产品，一律在开采地纳税，其应纳税款由独立核算单位、自负盈亏的单位，按照开采地的实际销售数量（或自用数量）及适用的单位税额计算划拨。

三、资源税的纳税期限

纳税期限是指纳税人据以计算应纳税额的期限。

纳税人的纳税期限由主管税务机关根据纳税人应纳税的的大小分别核定为1日、3日、5日、10日、15日或者1个月。不能按固定期限计算纳税的，可以按次计算纳税。

对资源税的报税期限规定为：以1个月为一个纳税期的，自期满之日起10日内申报纳税；以1日、3日、5日、10日或者15日为一个纳税期的，自期满之日起5日内预缴税款，于次月1日起10日内申报纳税并结清上月税款。

土地增值税

第一节 土地增值税概述

一、土地增值税的含义及特点

(一) 土地增值税的含义

土地增值税是对其有偿转让国有土地使用权、地上建筑物及其附着物并取得收入的单位和个人，以其转让房地产所取得的增值额征收的一种税。

土地增值税的征收以有偿转让房地产取得的增值额为征税对象，征税面比较广，一般采用扣除法和评估法计算增值额，实行超率累进税率，按次征收。

(二) 土地增值税的特点

现行土地增值税具有以下特点：

(1) 以增值额为计税依据。土地增值税以有偿转让房地产取得的增值额为征税对象，增值额为纳税人转让房地产的收入，减去税法规定准予扣除项目金额后的余额。

(2) 征税面比较广。税法规定，凡是在我国境内有偿转让房地产并取得增值收入的单位和个人，除税法规定的免税项目外，均必须按照税法的相关规定计算并缴纳土地增值税。

(3) 采用扣除法和评估法计算增值额。扣除法主要用于以纳税人转让房地产取得的收入，减除法定扣除项目金额后的余额作为计算土地增值税的计税依据。

对旧房及建筑物的转让，以及纳税人转让房地产申报不实、成交价格偏低，则采用评估法确定增值额，计征土地增值税。

（4）实行超率累进税率。土地增值税税率是以转让房地产的增值率高低为依据，按增值额累进原则设计，实行分级计税，税负合理，且调控力度大。增值率高则税率高、多纳税；增值率低则税率低、少纳税。

（5）实行按次征收。土地增值税是在房地产的转让环节进行征收的一种税、按次征收，即每转让一次就征收一次土地增值税。土地增值税的纳税时间和缴纳方法根据房地产转让情况而定。

二、土地增值税的纳税义务人

土地增值税纳税义务人的规定如图 8-1 所示。

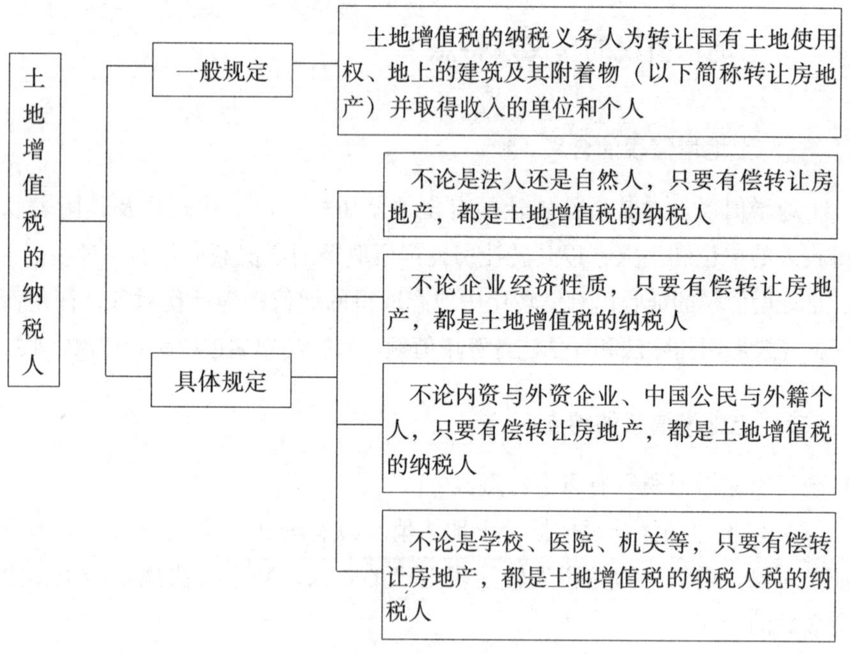

图 8-1　土地增值税的纳税义务人

三、土地增值税的征税范围

土地增值税征税范围如表 8-1 所示。

表 8-1　土地增值税的征税范围

<table>
<tr><th>项　目</th><th colspan="2">具　体　内　容</th></tr>
<tr><td rowspan="2">征税范围</td><td colspan="2">转让国有土地使用权</td></tr>
<tr><td colspan="2">地上的建筑物及其附着物连同国有土地使用权一并转让</td></tr>
<tr><td rowspan="3">征税范围的界定标准</td><td colspan="2">转让的土地，其使用权是否为国家所有，是判定是否属于土地增值税征税范围的标准之一</td></tr>
<tr><td colspan="2">土地使用权、地上的建筑物及其附着物的产权是否发生转让是判定是否属于土地增值税征税范围的标准之二</td></tr>
<tr><td colspan="2">是否取得收入是判定是否属于土地增值税征税范围的标准之三</td></tr>
<tr><td rowspan="9">若干具体情况的判定</td><td colspan="2">出售国有土地使用权属于国有土地使用权的有偿转让，应纳入土地增值税的征税范围</td></tr>
<tr><td colspan="2">取得国有土地使用权后进行房屋开发建造然后出售，由于这种情况既发生了产权的转让又取得了收入，所以应纳入土地增值税的征税范围</td></tr>
<tr><td colspan="2">存量房地产的买卖，既发生了产权的转让又取得了收入，应纳入土地增值税的征税范围</td></tr>
<tr><td colspan="2">房地产继承虽然发生了房地产的权属变更，但作为房产产权、土地使用权的原所有人（即被继承人）并没有因为权属的转让而取得任何收入。因此，这种房地产的继承不属于土地增值税的征税范围</td></tr>
<tr><td colspan="2">房地产的赠与虽发生了房地产的权属变更，但作为房产所有人、土地使用权的所有人并没有因为权属的转让而取得任何收入。因此，房地产的赠与不属于土地增值税的征税范围</td></tr>
<tr><td colspan="2">房地产的出租，出租人虽取得了收入，但没有发生房产产权、土地使用权的转让。因此，不属于土地增值税的征税范围</td></tr>
<tr><td rowspan="3">房地产的抵押</td><td>对房地产的抵押，在抵押期间不征收土地增值税</td></tr>
<tr><td>待抵押期满后，视该房地产是否转移占有而确定是否征收土地增值税</td></tr>
<tr><td>对于以房地产抵债而发生房地产权属转让的，应列入土地增值税的征税范围</td></tr>
</table>

（续表）

<table>
<tr><th>项　目</th><th colspan="2">具　体　内　容</th></tr>
<tr><td rowspan="8"></td><td colspan="2">房地产交换，既发生了房产产权、土地使用权的转移，交换双方又取得了实物形态的收入，属于土地增值税的征税范围</td></tr>
<tr><td rowspan="2">房地产进行投资、联营</td><td>投资、联营的一方以土地（房地产）作价入股进行投资或作为联营条件，将房地产转让到所投资、联营的企业中时，暂免征收土地增值税</td></tr>
<tr><td>对投资、联营企业将联营一方投入房地产再转让的，应征收土地增值税</td></tr>
<tr><td rowspan="2">合作建房</td><td>对于一方出地，一方出资金，双方合作建房，建成后按比例分房自用的，暂免征收土地增值税</td></tr>
<tr><td>建成后转让的，应征收土地增值税</td></tr>
<tr><td colspan="2">在企业兼并中，对被兼并企业将房地产转让到兼并企业中的，暂免征收土地增值税</td></tr>
<tr><td colspan="2">房地产的代建房行为，有发生房地产权属的转移，其收入属于劳务收入性质，故不属于土地增值税的征税范围</td></tr>
<tr><td colspan="2">房地产的重新评估，既没有发生房地产权属的转移，房产产权、土地使用权人也未取得收入，所以不属于土地增值税的征税范围</td></tr>
</table>

四、土地增值税税率

土地增值税实行四级超率累进税率：

（1）增值额未超过扣除项目金额50%的部分，税率为30%。

（2）增值额超过扣除项目金额50%、未超过扣除项目金额100%的部分，税率为40%。

（3）增值额超过扣除项目金额100%、未超过扣除项目金额200%的部分，税率为50%。

（4）增值额超过扣除项目金额200%的部分，税率为60%。

上述所列四级超率累进税率，每级“增值额未超过扣除项目金额”的比例，均包括本比例数。超率累进税率如表8-2所示。

表 8-2 土地增值税四级超率累进税率

增值额与扣除项目金额的比率	税率（%）	速算扣除系数（%）
不超过 50% 的部分	30	0
超过 50% 至 100% 的部分	40	5
超过 100% 至 200% 的部分	50	15
超过 200% 的部分	60	35

第二节　土地增值税的计算

土地增值税以纳税人转让房地产所取得的增值额为计税依据。增值额等于纳税人转让房地产所取得的收入减去规定扣除项目金额后的余额。

一、应税收入额的确定

纳税人转让房地产所取得的收入为转让房地产的全部价款及有关的经济收益，包括货币收入和非货币收入。

纳税人隐瞒、虚报房地产成交价格或转让房地产的成交价格明显低于房地产评估价格又无正当理由的，应由评估机构参照同类房地产的市场交易价格进行评估，税务机关根据评估价格确定转让房地产的收入。

二、扣除项目金额的确定

在确定房地产转让的增值额和计算应纳土地增值税时，允许从房地产转让收入总额中扣除的项目及其金额，包括以下六类。

（一）取得土地使用权所支付的金额

取得土地使用权是指纳税人为取得土地使用权而支付的价款和按照国家规定依法缴纳的有关费用之和。具体包括纳税人以出让方式取得土地使用权所支付的出让金；以划拨方式取得土地使用权时按照规定补缴的出让金；以转让方式取得土地使用权而支付的地价款以及按国家规定缴纳的有关费用。

（二）房地产开发成本

房地产开发成本是指纳税人开发房地产项目的实际成本，具体包括土地征用及拆迁补偿费、前期工程费、建筑安装工程费、基础设施费、公共配套设施费、开发间接费等。

（1）土地征用及拆迁补偿费，包括土地征用费，耕地占用税，劳动力安置费及有关地上、地下附着物拆迁补偿的净支出，安置动迁用房支出等。

（2）前期工程费，包括规划、设计、项目可行性研究和水文、地质、勘察、测绘、“三通一平”等支出。

（3）建筑安装工程费，是指以出包方式支付给承包单位的建筑安装工程费，以自营方式发生的建筑安装工程费。

（4）基础设施费，包括开发小区内道路、供水、供电、供气、排污、排洪、通讯、照明、环卫、绿化等工程发生的支出。

（5）公共配套设施费，包括不能有偿转让的开发小区内公共配套设施发生的支出。

（6）开发间接费用，是指直接组织、管理开发项目发生的费用，包括工资、职工福利费、折旧费、修理费、办公费、水电费、劳动保护费、周转房摊销等。

（三）房地产开发费用

房地产开发费用是指与房地产开发项目有关的销售费用、管理费用和财务费用。根据新会计制度的规定，与房地产开发有关的费用直接计入当年损益，不按房地产项目进行归集和分摊。

财务费用的利息支出，凡纳税人能够按转让房地产项目计算分摊并提供金融机构证明的，允许据实扣除，但最高不能超过按商业银行同类同期贷款利率计算的金额。

对于利息支出以外的其他房地产开发费用，按取得土地使用权支付的金额和房地产开发成本金额之和，在5%以内计算扣除。

凡不能按转让房地产项目计算分摊利息支出或不能提供金融机构证明的，房地产开发费用按上述“取得土地使用权所支付的金额”与“房地产开发成本”之和的10%计算扣除。

此外，财政部、国家税务总局还对扣除项目金额中利息支出的计算问题做了专门规定：利息的上浮幅度按国家的有关规定执行，超过上浮幅度的部分不允许扣除；超过贷款期限的利息部分和加罚的利息不允许扣除。

（四）旧房及建筑物的评估价格

旧房及建筑物的评估价格是指在转让旧房及建筑物时，由政府批准设立的房地产评估机构评定的重置成本乘以成新度折扣率后的价格。评估价格须经当地税务机关确认。

根据税法规定，纳税人转让旧房的，应按房屋或建筑物的评估价格、取得土地使用权所支付的地价款和按照国家规定缴纳的有关费用以及在转让环节缴纳的税金作为扣除项目金额计征土地增值税。

对取得土地使用权时未支付的地价款或不能提供已支付的地价款凭据的，不允许扣除取得土地使用权时所支付的土地增值税。

纳税人转让旧房及建筑物时，因计算纳税需要对房地产进行评估，其支付的评估费用允许在计算土地增值税时予以扣除。但是对纳税人隐瞒、虚报房地产成交价格等情形而按房地产评估价格计算征收土地增值税时发生的评估费用，则不允许在计算土地增值税时予以扣除。

（五）与房地产转让有关的税金

与房地产转让有关的税金包括转让房地产时缴纳的营业税、城市维护建设税、印花税以及教育费附加。

房地产开发企业的印花税列入管理费用中，不予单独计算扣除。房地产开发企业以外的其他纳税人在计算土地增值税时，允许扣除在转让房地产环节缴纳的印花税。

个人购入房地产再转让的，其在购入环节缴纳的契税，由于已包含在评估价中，因此，在计算土地增值税时不能扣除。

（六）财政部确定的其他扣除项目

根据财政部的有关规定，对从事房地产开发的企业，允许按取得土地使用权所支付的金额和房地产开发成本之和，加计 20% 进行扣除。

注意：对取得土地使用权后，未进行开发即转让的，在计算应纳土地增值税时，只允许扣除取得土地使用权时支付的地价款、缴纳的有关费用，在转让环节缴纳的税金，不得加计扣除。

三、应纳税额的计算

土地增值税以转让房地产的增值额为税基，依据超率累进税率，计算应纳税额，其计算原理与超额累进税率基本相同。

土地增值税的税额计算分四个步骤计算：

（1）计算增值额：

$$增值额 = 收入额 - 扣除项目金额$$

（2）计算增值率：

$$增值率 = \frac{增值额}{扣除项目金额} \times 100\%$$

（3）确定适用税率：

依据计算的增值税率，按税率表确定适用税率。

（4）计算应纳税额：

$$应纳税额 = 增值额 \times 适用税率 - 扣除项目金额 \times 速算扣除系数$$

【例8-1】 某房地产开发公司转让一幢写字楼取得收入1 000万元。已知该公司为取得土地使用权支付的金额为50万元，房地产开发成本为200万元，房地产开发费用为40万元（经税务机关批准可全额扣除），与转让房地产有关的税金为60万元。土地增值税计算如下：

（1）扣除项目金额 = 50 + 200 + 40 + 60 + (50 + 200) × 20% = 400(万元)。

（2）土地增值额 = 1 000 − [50 + 200 + 40 + 60 + (50 + 200) × 20%] = 600(万元)。

（3）增值额与扣除项目之比 = 600 ÷ 400 = 150%。

（4）应纳增值税 = 600 × 50% − 400 × 15% = 240(万元)。

第三节　土地增值税的会计处理

当企业发生涉及土地增值税项目的经济业务时，为了能准确及时的对企业土地增值税进行核算，企业应在“应交税费”科目下设“应交土地增值税”明细科目，专门用来核算土地增值税的发生和缴纳情况，其贷方反映企业计算出的应交土地增值税，其借方反映企业实际缴纳的土地增值税，期末贷方余额反映尚未缴纳的土地增值税，期末若为借方余额，反映预缴或多缴的土地增值税。

一、主营房地产业务的企业应纳土地增值税的会计处理

企业转让国有土地使用权、地上建筑物及其附着物，其收支均应通过“主营业务收入”、“主营业务成本”、“营业税金及附加”等账户进行核算。企业在取得房地产转让收入时，按照实际受到或未收的款项，借记“银行存款”、“应收账款”等账户，贷记“主营业务收入”账户；按销售房地产取得的增值额和适用税率计算应纳土地增值税时，应借记“营业税金及附加”账户，贷记“应交税费——应交土地增值税”账户；实际向税务机关上缴土地增值税时，应借记“应交税费——应交土地增值税”账户，贷记“银行存款”账户。

二、兼营房地产业务企业应纳土地增值税的会计处理

兼营房地产业务企业应缴纳的土地增值税税额，应在“其他业务成本”账户中列支。

【例8-2】 某公司（兼营房地产开发）买进土地及土地上建筑物，价值400万元。三年后，该企业将土地使用权连同地上建筑物一并转让A企业，取得转让收入500万元。假如转让过程中该企业上交5%的营业税，7%的城建税，3%的教育费附加。转让时该建筑物已提折旧40万元。

相关计算及会计处理如下：

企业应交营业税额 = 500 × 5% = 25（万元）；

企业应交城建税额 = 25 × 7% = 1.75（万元）；

企业应交教育费附加 = 25 × 3% = 0.75（万元）；

允许扣除项目金额 = 400 + 25 + 1.75 + 0.75 = 427.5（万元）；

增值额 = 500 − 427.5 = 72.5（万元）；

增值额与允许扣除项目的比率 = 72.5 ÷ 427.5 × 100% = 16.96%；

应纳土地增值税额 = 72.5 × 30% = 21.75（万元）。

（1）取得土地转让收入时：

借：银行存款　　5 000 000

　　贷：其他业务收入　　5 000 000

（2）计提土地增值税时：

借：其他业务成本　　217 500

　　贷：应交税费——应交土地增值税　　217 500

（3）上缴土地增值税时：

借：应交税费——应交土地增值税　　217 500

　　贷：银行存款　　217 500

第四节　土地增值税的纳税申报

一、纳税申报日期

土地增值税的纳税人应于转让房地产合同签订之日起 7 日内到房地产所在地的主管税务机关办理纳税申报，并向税务机关提交房屋及建筑物产权、土地使用权证书，土地转让和房产买卖合同，房地产评估报告以及其他与转让房地产有关的资料，在规定的期限内缴纳税款。

纳税人因经常发生房地产转让而难以在每次转让后申报的，经税务机关审核同意后，可以定期进行纳税申报，具体期限由税务机关根据情况确定。

二、土地增值税的纳税地点

土地增值税由房地产所在地主管税务机关负责征收。房地产所在地就是房地产的坐落地。在实际工作中，纳税地点的确定又可以分为以下两种：

（一）纳税人是法人的

当纳税人转让的房地产坐落地与其机构所在地或经营所在地在同一地时，可在办理税务登记的原管辖税务机关申报纳税；如果转让的房地产坐落地与其机构所在地或经营所在地不在一地时，则应在房地产坐落地的主管税务机关申报纳税。纳税人房地产坐落地在两个或两个以上地区的，应按照房地产所在地分别申报纳税。

（二）纳税人是自然人的

当纳税人转让房地产的坐落地与其居住地在同一地时，可在其居住地税务机关申报纳税；如果转让房地产的坐落地与其居住地不在同一地时，则应在房地产坐落地的主管税务机关申报纳税。

城镇土地使用税

第一节　城镇土地使用税概述

一、城镇土地使用税的含义

城镇土地使用税是以城镇土地为征税对象，以实际占用的土地面积为计税标准，按照税法规定对拥有土地使用权的单位和个人征收的一种税。现行的城镇土地使用税的基本规范是2006年12月31日国务院发布修改的《中华人民共和国城镇土地使用税暂行条例》，自2007年1月1日起施行。

开征城镇土地使用税，具有两个方面的作用：①有利于合理、节约地使用土地，提高土地使用效益；②有利于调节不同地区、不同地段之间的土地级差收入，理顺国家与土地使用者之间的分配关系。

二、城镇土地使用税的纳税人

我国现行税法规定凡是在城市、县城、建制镇、工矿区范围内使用土地的单位和个人均属于城镇土地使用税的纳税人。

上述所称“单位”，包括国有企业、集体企业、私营企业、股份制企业、外商投资企业、外国企业以及其他企业和事业单位、社会团体、国家机关、军队以及其他单位；“个人”，包括个体工商户以及其他个人。

由于在现实生活中，每个纳税人使用的土地情况都不相同，为保证城镇土地使用税及时、足额上缴国库，税法对城镇土地使用税纳税人作了如下具体规定：

（1）拥有土地使用权的单位和个人为纳税人。

（2）拥有土地使用权的单位和个人不在土地所在地的，其土地的实际使用人或管理人为纳税人。

（3）土地使用权未确定或权属纠纷未解决的，以实际使用人为纳税人。

（4）土地使用权共有的，共有各方都是纳税人，由共有各方分别纳税。

注意：国家规定从 2007 年 1 月 1 日起，国家将外商投资企业、外国企业列为城镇土地使用税的纳税人。

三、征税范围

城镇土地使用税的征税范围，包括在城市、县城、建制镇和工矿区内的国家所有和集体所有的土地。

上述“城市”是指经国务院批准设立的市，其征税范围包括市区和郊区的土地；“县城”是指县人民政府所在地，其征税范围是县人民政府所在地的城镇的土地；“建制镇”是指经省、自治区、直辖市人民政府批准设立的，符合国务院规定的建制镇标准的镇，其征税范围是镇人民政府所在地的土地。“工矿区”是指工商业比较发达，人口比较集中的大中型工矿企业所在地，工矿区的设立必须经省、自治区、直辖市人民政府批准。

四、城镇土地使用税的税率

土地使用税实行分级幅度税额，以纳税人实际占用的土地面积为计税依据；土地面积的计量标准为每平方米，每平方米应税土地的年税额如下：

（1）大城市为 1.5 元至 30 元；

（2）中等城市为 1.2 元至 24 元；

（3）小城市为 0.9 元至 18 元；

（4）县城、建制镇、工矿区为 0.6 元至 12 元。

为了调节土地的级差收入，对不同城镇或者对同一城镇的不同地段，各省、自治区、直辖市人民政府，可以在规定的税额幅度内，根据市政建设状况、经济繁荣程度等条件，确定所辖地区的适用税额幅度。

经省、自治区、直辖市人民政府批准，经济落后地区土地使用税的适用税额标准可以适当降低，但降低额不得超过规定的最低税额的 30%。经济发达地区土地使用税的适用税额标准可以适当提高，但须报经财政部批准。

第二节　城镇土地使用税的计算及会计处理

一、城镇土地使用税的计算

城镇土地使用税以纳税人实际占用的土地面积为计税依据，土地面积计量标准每平方米。即税务机关根据纳税人实际占用的土地面积，按照规定的税额计算应纳税额，向纳税人征收土地使用税。计算公式为：

全年应纳税额 = 实际占用应税土地面积(平方米) × 适用税额

【例 9-1】　某城市一繁华地段围墙内，共有土地面积 7 500 平方米，有汽车修理厂和服装厂两个单位，其中汽车修理厂占用土地 3/4，服装厂占用土地 1/4，当地土地使用税为每平方米 5 元。土地使用税计算如下：

汽车修理厂应纳土地使用税 = 7 500 × (3 ÷ 4) × 5 = 28 125(元)；

服装厂应纳土地使用税 = 7 500 × (1 ÷ 4) × 5 = 9 375(元)。

二、城镇土地使用税的会计处理

企业为准确记录上缴城镇土地使用税的情况，应设置“应交税费——应交城镇土地使用税”科目。该科目贷方反映企业应缴的城镇土地使用税，借方反映企业已经缴纳的城镇土地使用税；余额在贷方表示应缴未缴的城镇土地使用税。

企业计算应缴纳的城镇土地使用税时，借记“管理费用”等科目，贷记“应交税费——应交城镇土地使用税”科目；实际向税务机关缴纳时，借记“应交税费——应交城镇土地使用税”科目，贷记“银行存款”科目。

【例 9-2】　某一位于大城市的工厂实际占用土地 45 000 平方米，其中厂办医院用地 1 500 平方米，厂办幼儿园用地 300 平方米。当地人民政府核定该企业的城镇土地使用税单位税额为 20 元/平方米。

相关计算及会计处理如下。

该厂年应纳城镇土地使用税额 = (45 000 - 1 500 - 300) × 20 = 864 000（元）。

（1）计提应缴税款时：

借：管理费用　　864 000

　　贷：应交税费——应交城镇土地使用税　　864 000

（2）缴纳税款时：

借：应交税费——应交城镇土地使用税　　864 000

　　贷：银行存款　　864 000

第三节　城镇土地使用税的纳税申报

一、城镇土地使用税纳税时间

城镇土地使用税的纳税义务发生时间包括以下几种情况：

（1）纳税人购置新建商品房，自房屋出租、出借交付使用之次月起，缴纳城镇土地使用税。

（2）纳税人购置存量房，自办理房产权属转移、变更登记手续，房地产权属登记机关签发房屋权属证书之次月起，缴纳城镇土地使用税。

（3）纳税人出租、出借房产，自交付出租、出借房产之次月起，缴纳城镇土地使用税。

（4）房地产开发企业自用、出租、出借本企业建造的商品房，自房屋使用或交付次月起，缴纳城镇土地使用税。

（5）纳税人新征用的耕地，自批准征用之日起满 1 年时开始缴纳土地使用税。

（6）纳税人新征用的非耕地，自批准征用次月起缴纳土地使用税。

二、纳税期限

城镇土地使用税实行按年计算、分期缴纳的征收方法，具体纳税期限由各省、自治区、直辖市地方人民政府确定。各省、自治区、直辖市税务机关根据当地具体情况，分别确定按月、季、半年或一年等纳税期限。

三、纳税地点

城镇土地使用税的纳税地点为土地所在地。纳税人使用的土地不属于同一省、自治区、直辖市管辖的，由纳税人分别向土地所在地的税务机关申报纳税；在同一省、自治区、直辖市管辖范围内，纳税人跨地区使用的土地，其纳税地点由各省、自治区、直辖市地方税务局确定。

第十章 房产税

第一节 房产税概述

一、房产税的含义

房产税是以城市、县城、建制镇和工矿区范围内的房产为征税对象，以房产的余值或租金收入为计税依据，向房屋产权所有人征收的一种税。

所谓“房产”是以房屋形态表现的财产，“房屋”是指有屋面和围护结构（有墙或两边有柱），能够遮风避雨，可提供人们在其中生产、学习、工作、娱乐、居住或储藏物资的场所。该税属于财产课税。现行房产税的基本规范是1986年9月15日国务院发布的《中华人民共和国房产税暂行条例》。本条例自1986年10月1日起施行。

二、房产税的纳税人

房产税的纳税人是房屋的产权所有人。其具体包括：

(1) 产权属于全民（即国家）所有的，其经营管理的单位为纳税义务人；产权属于集体和个人所有的，由集体单位和个人纳税。

(2) 产权出典的，承典人为纳税义务人。由于在房屋出典期间，产权所有人已无权支配房屋，所以税法规定，对房屋具有支配权的承典人为纳税人。

(3) 产权所有人、承典人不在房产所在地的，或者产权未确定以及租典纠纷尚未解决的，房产代管人或者使用人为纳税人。

(4) 纳税单位和个人承租使用房产管理部门、免税单位及纳税单位的房产，应由使用人代为缴纳房产税。

注：自2009年1月1日起，外商投资企业、外国企业和外国人经营的房产按照国家税法规定征收房产税。

三、房产税的征收范围

房产税的征税范围包括在城市、县城、建制镇、工矿区范围内的房产。其中：城市是指经国务院批准设立的市，包括市区和郊区；县城是指县人民政府所在地的城镇；建制镇是指经省、自治区、直辖市人民政府批准设立的、符合国务院规定的建制镇标准的镇；工矿区是指工商业比较发达，人口比较集中，符合国务院规定的建制镇标准，但尚未设立建制镇的大中型工矿企业所在地，工矿区的设立须经省、自治区、直辖市人民政府批准。

房产的征收范围不仅仅是指房屋，与房屋不可分割的各种附属设备或一般不单独计价的附属设备也征收房产税，但对于独立于房屋之外的建筑物不征收房产税。

四、房产税税率

我国现行房产税采用的是比例税率。根据其计税依据的不同，税率分为：

（1）按房产原值一次减除10%～30%损耗后的房产余值为计税依据的，年税率为1.2%。

（2）按房产租金收入为计税依据的，税率为12%。从2001年1月1日起，对个人按市场价格出租的居民住房，用于居住的，可暂减按4%的税率征收房产税。2008年3月1日起，对个人出租住房，不区分用途，按4%的税率征收房产税。对企事业单位、社会团体以及其他组织按市场价格向个人出租用于居住的住房，减按4%的税率征收房产税。

第二节　房产税的计算

一、房产税的计税依据

税法规定房产税的计税依据是房产的计税余值或房产的租金收入。其中：

按照房产计税余值征税的，称为从价计征。按照房产租金收入征税的，称为从租计征。

（一）从价计征

从价计征，是指对纳税人经营自用的房产，以房产的计税余值作为计税依据，即依照房产原值一次减除10% ~30%后的余值计税。

在确定计税余值时，房产原值的具体减除幅度，由省、自治区、直辖市人民政府确定。

上述所说“房产原值”是指纳税人按照会计制度规定，在账簿“固定资产”科目中记载的房屋原价。包括与房屋不可分割的各种附属设备或一般不单独计价的配套设备。

此外，纳税人对原有房屋进行改建、扩建的，要相应增加房屋的原值。对于更换房屋附属设备的，在将其价值计入房产原值时，可扣减原来相应设备和设施的价值；对附属设备易于损坏，需要经常更换的零配件，更新后不再计入房产原值，原零配件的原值也不扣除。

自2006年1月1日起，凡在房产税征收范围内的具备房屋功能的地下建筑，包括与地上房屋相连的地下建筑以及完全建在地面以下的建筑，均应依照税法规定征收房产税。

（二）从租计征

从租计征，是指对纳税人出租的房产，以租金收入为计税依据。房产的租金收入，是指房屋产权所有人出租房产使用权所取得的报酬，包括货币收入、实物收入以及以劳务或其他形式支付的房租。

二、房产税的计算

1. 从价计征房产税的计税公式

$$应纳税额 = 房产原值 \times (1 - 原值减除率) \times 适用税率$$

2. 从租计征房产税的计税公式

$$应纳税额 = 租金收入 \times 适用税率$$

第三节　房产税的会计处理

根据税法规定，企业在计算并缴纳房产税时，应设置“应交税费——应交房产税”账户进行核算。在计算应缴纳的房产税税额时，借记“管理费用”等科目，贷记“应交税费——应交房产税”科目；实际向税务机关缴纳房产税时，借记“应交税费——应交房产税”科目，贷记“银行存款”科目。

【例10-1】　某公司2010年自有房屋20栋，其中12栋用于生产经营，房产原值300万元，当地政府规定，按房产原值一次扣除20%后的余值计税。另外7栋用于对外出租，年租金收入150万元。还有1栋由于年久失修，于本年度1月份申请停止使用（假定按季缴纳）。

相关计算及会计处理如下。

经营用房产应缴纳的房产税 = 3 000 000 × (1 − 20%) × 1.2% = 28 800(元)；

出租房产应缴纳的房产税 = 1 500 000 × 12% = 180 000(元)；

全年共计缴纳房产税 = 28 800 + 180 000 = 208 800(元)；

每季预交房产税 = 208 800 ÷ 4 = 52 200(元)。

（1）计算应缴纳的房产税：

借：管理费用　　52 200

　　贷：应交税费——应交房产税　　52 200

（2）缴纳房产税时：

借：应交税费——应交房产税　　52 200

　　贷：银行存款　　52 200

第四节　房产税的纳税申报

一、纳税义务发生时间

房产税纳税义务发生时件根据具体情况可包括以下几种：

（1）纳税人将原有房产用于生产经营，从生产经营之月起，缴纳房产税。

（2）纳税人自行新建房屋用于生产经营，从建成之次月起，缴纳房产税。

（3）纳税人委托施工企业建设的房屋，从办理验收手续之次月起，缴纳房产税。对于在办理验收手续前已经使用或出租、出借的新建房屋，应从使用或出租、出借的当月起按规定缴纳房产税。

（4）纳税人购置新商品房，自房屋交付使用之次月起，缴纳房产税。

（5）纳税人购置存量房，自办理房屋权属转移、变更登记手续，房地产权属登记机关签发房屋权属证书之次月起，缴纳房产税。

（6）纳税人出租、出借房产，自交付出租、出借房产之次月起，缴纳房产税。

（7）房地产开发企业自用、出租、出借本企业建造的商品房，自房屋使用或交付之次月起缴纳房产税。

二、纳税期限

房产税实行按年计算、分期缴纳的征收方法，具体纳税期限由省、自治区、直辖市人民政府规定。一般情况下按季或半年征收。

三、纳税地点

房产税在房产所在地缴纳。房产不在同一地方的纳税人，应按房产的坐落地点分别向房产所在地的税务机关纳税。

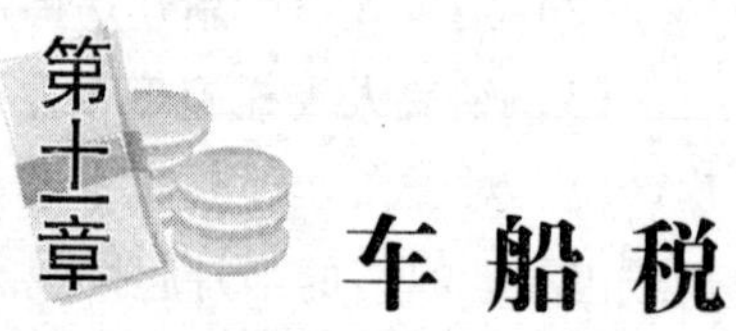

第十一章 车船税

第一节　车船税概述

一、车船税含义

车船税是对在中华人民共和国境内拥有和管理车辆、船舶（以下简称车船）的单位和个人按照规定的税额计算征收的一种税。

现行的车船税基本规范是2006年12月29日国务院颁布并于2007年1月1日起实施的《中华人民共和国车船税暂行条例》。它取代了1951年9月13日颁布的《车船使用牌照税暂行条例》和1986年9月15日国务院颁布的《中华人民共和国车船使用税暂行条例》。

车船税属于财产税税类。具有以下两方面作用：一方面可以促使纳税人提高车船使用效益，督促纳税人合理利用车船；另一方面通过税收手段组织地方财政收入，可以缓解发展交通运输事业资金短缺的矛盾。

二、车船税的一般纳税人

凡在我国境内拥有并且使用车船的单位和个人，为车船税的纳税义务人。它不仅适用于国内的单位和个人，也适用于外企和外籍个人。依照《中华人民共和国车船税暂行条例》的规定缴纳车船税。

三、车船税的扣缴义务人

车船税实行源泉控制，从事机动车交通事故责任强制保险业务的保险机构为机动车车船税的扣缴义务人，应当依法代收代缴车船税。

扣缴义务人依法代收代缴车船税时，纳税人不得拒绝。

四、车船税的征税范围

车船使用税的征税范围是在中华人民共和国境内依法应当在车船管理部门登记的车辆。主要包括行驶于中国境内公共道路的车辆和航行于中国境内河流、湖泊或领海的船舶两大类。其中："车辆"指机动车辆和非机动车辆，船舶指机动船舶和非机动船舶。

五、车船税的税目与税率

车船税实行定额税率，又称固定税额。现行《车船税暂行条例》及《车船税暂行条例实施细则》，只按税目和年税额分别规定了一个最低到最高的单位年税额，即税额幅度，同时授权省、自治区、直辖市人民政府在规定幅度内，确定具体适用税额。车船税税目税额表，如表 11-1 所示。

表 11-1　车船税税目税额表

税目	子税目	计税单位	年税额（元）	备注
载客汽车	大型客车	辆	480 ~ 660	核定载客人数大于或等于 20 人的
	中型客车		420 ~ 660	核定载客人数大于 9 人且小于 20 人的
	小型客车		360 ~ 660	核定载客人数小于或等于 9 人的
	微型客车		60 ~ 480	发动机汽缸总排气量小于或等于 1 升的
其他车辆	载货汽车	自重每吨	16 ~ 120	包括半挂牵引车、挂车
	三轮汽车、低速货车		24 ~ 120	
	专项作业车、轮式专用机械车		16 ~ 120	
	摩托车	辆	36 ~ 180	
船舶	小于或等于 200 吨	净吨位每吨	3	拖船和非机动驳船分别按船舶税额的 50% 计算
	201 吨至 2 000 吨		4	
	2 001 吨至 10 000 吨		5	
	10 001 吨及以上		6	

第二节　车船税的计算

一、车船税的计税依据

车船使用税以应税车船为征税对象，以征税对象的计量标准为计税依据，从量计征。车船使用税的计税依据，按车船的种类和性能，分别确定为辆、净吨位和载重吨位三种，具体采用何种计量标准规定如下：

（1）乘人汽车、电车、摩托车、自行车、人力车和畜力车，以“辆”为计税依据。

（2）载货汽车、机动船，以“净吨位”为计税依据。

（3）非机动船，以“载重吨位”为计税依据。

其中，“净吨位”指额定（或预定）装运货物的船舱（或车厢）所占用的空间容积；“载重吨位”指船舶的实际载重量。

二、车船税应纳税额的计算

不同的运输工具，税法规定了不同的计税公式，具体包括以下几种：

载客汽车和摩托车应纳税额 = 车辆数 × 适用单位税额

载货汽车、三轮汽车、低速货车应纳税额 = 自重吨数 × 适用单位税额

除拖船和非机动驳船外船舶应纳税额 = 净吨位 × 适用单位税额

拖船和非机动驳船应纳税额 = 净吨位 × 适用单位税额 × 50%

客货两用汽车应纳税额 = 载货汽车的自重吨数 × 适用单位税额

第三节　车船税的会计处理

企业计算并缴纳的车船税，应通过“应交税费——应交车船税”科目进行核算。该科目贷方反映企业应缴纳的车船税，借方反映企业已经缴纳的车船税，余额在贷方，表示企业应交而未交的车船税。

当企业计算应缴纳的车船税时，应借记“管理费用－车船税”科目，贷记“应交税费——应交车船税”科目；当企业实际向税务机关缴纳车船税时，应借记“应交税费——应交车船税”科目，贷记“银行存款”科目。

【例11-1】 某交通运输企业拥有汽车（载重量12吨）25辆、大客车12辆，假定该企业所在省规定载货汽车年纳税额每吨50元，大客车年纳税额每辆150元。

相关计算及会计处理如下。

应纳税额 = 50 × 12 × 25 + 150 × 12 = 16 800(元)。

(1) 计提车船税时：

借：管理费用——车船税　　16 800

　　贷：应交税费——应交车船税　　16 800

(2) 实际缴纳车船税时：

借：应交税费——应交车船税　　16 800

　　贷：银行存款　　16 800

第四节　车船税的纳税申报

一、纳税义务发生时间

车船税的纳税义务发生时间，为车船管理部门核发的车船登记证书或者行驶证书所记载日期的当月。

纳税人未按照规定到车船管理部门办理应税车船登记手续的，以车船购置发票所载开具时间的当月作为车船税的纳税义务发生时间。对未办理车船登记手续且无法提供车船购置发票的，由主管地方税务机关核定纳税义务发生时间。

二、纳税期限

车船税按年征收、分期缴纳，具体申报纳税期限由省、自治区、直辖市人民政府确定。一般规定为按季或半年征收。

三、纳税地点

车船税地方税务机关负责征收。纳税地点，由省级人民政府根据当地实际情况确定。

此外，跨省、自治区、直辖市使用的车船，其纳税地点为车船的登记地。

印花税

第一节　印花税概述

一、印花税的含义

印花税是对经济活动和经济交往中书立、使用、领受的应税经济凭证征收的一种税。该税采用在凭证上粘贴印花税票的办法作为完税标志，故称印花税。印花税属于行为税，只要发生书立、使用、领受应税凭证的行为就要贴花纳税。现行印花税的基本规范是1988年8月6日，国务院发布的《中华人民共和国印花税暂行条例》。本条例自1988年10月1日起施行。

二、印花税的纳税人

凡是在中华人民共和国境内书立、使用、领受有关凭证的单位和个人都是印花税的纳税人。包括各类企业、事业、机关、团体、部队，以及中外合资企业、中外合作企业、外资企业、外国公司企业和其他经济组织及其在华机构等单位和个人。

具体可分为以下几种：

（1）立合同人。书立各种经济合同的，以立合同人为纳税人，合同人在两方或两方以上的，均为印花税纳税人。

（2）立账簿人。建立营业账簿的，以立账簿人为纳税人。

（3）立据人。订立各种财产转移书据的，以立据人为纳税人。

（4）领受人。领取权利许可证照的，以领受人为纳税人。

（5）使用人。是指在国外书立或领受，在国内使用应税凭证的单位和个人。

如果同一凭证，由两方或两方以上当事人共同书立并各持一份的，各方均为印花税纳税人，应当分别就所持凭证的金额计税贴花。但担保人、证人、鉴定人不作为纳税人。如果应税凭证是由当事人的代理人代为书立的，则代理人承担纳税义务。

三、印花税征税范围

印花税的征税范围是指应税凭证的具体指向，即应税凭证类别或名称。《印花税暂行条例》采取列举法，指出下列五大类应纳税凭证：

（1）经济合同。经济合同是指当事人之间为实现一定目的，经协商一致，明确当事人各方权利、义务关系的协议。具体包括购销、加工承揽、建设安装工程承包、财产租赁、货物运输、仓储保管、借款、财产保险、技术合同或者具有合同性质的凭证。

（2）产权转移书据。产权转移即财产权利关系的变更行为，表现为产权主体发生变更。具体包括财产所有权、版权、商标专用权、专利权、专有技术使用权等转移书据。

（3）营业账簿。印花税税目中的营业账簿归属于财务会计账簿，是按照财务会计制度的要求设置的，反映生产经营活动的账册。具体包括单位和个人从事生产经营活动所设立的各种账册，即记载资金的账簿和其他账簿。

（4）权利、许可证照。权利、许可证照是政府授予单位、个人某种法定权利和准予从事特定经济活动的各种证照的总称，具体包括房屋产权证、工商营业执照、商标注册证、专利证、土地使用证。

（5）财政部确定征收的其他凭证。

四、印花税的税目与税率

印花税的税率比较低，采用比例税率和定额税率两种形式。比例税率分为四个档次，分别是0.05‰、0.3‰、0.5‰、1‰；适用定额税率的，均为按件贴花，税额为5元。具体如表12-1和表12-2所示。

表 12-1 印花税税目表

税目	具体内容
1. 购销合同	包括供应、预购、采购、贸易等合同
2. 加工承揽合同	包括加工、定做、修缮、修理、测试等合同
3. 建设工程勘察设计合同	包括勘察、设计合同
4. 建筑安装工程承包合同	包括建筑、安装工程承包合同
5. 财产租赁合同	包括租赁房屋、机动车辆、机械、器具、设备等合同
6. 货物运输合同	包括航空、铁路、水上、公路等运输合同
7. 仓储保管合同	包括仓储、保管合同
8. 借款合同	包括银行及其他金融组织与借款人所签订的合同
9. 财产保险合同	包括财产、责任、保证、信用等保险合同
10. 技术合同	包括技术开发、转让、咨询、服务等合同
11. 产权转移书据	包括财产所有权和版权、商标专用权、专利权、专有技术使用权等转移书据和土地使用权出让合同、土地使用权转让合同、商品房销售合同等权利转移合同、股权转移书据和个人无偿赠送不动产等转移书据
12. 营业账簿	营业账簿按其反映内容的不同，可分为记载资金的账簿和其他账簿
13. 权利、许可证照	包括政府部门发给的房屋产权证、工商营业执照、商标注册证、专利证、土地使用证

表 12-2 印花税税率表

税目	税率	纳税人	说明
1. 购销合同	按购销金额 3‰贴花	立合同人	
2. 加工承揽合同	按加工或承揽收入 5‰贴花	立合同人	
3. 建设工程勘察设计合同	按收取费用的 5‰贴花	立合同人	
4. 建筑安装工程承包合同	按承包金额的 3‰贴花	立合同人	
5. 财产租赁合同	按租赁金额的 1‰贴花。税额不足 1 元的，按 1 元贴花	立合同人	
6. 货物运输合同	按运输收取的费用的 5‰贴花	立合同人	单据作为合同使用的，按单据贴花
7. 仓储保管合同	按仓储收取的保管费用的 1‰贴花	立合同人	仓单或栈单作为合同使用的，按仓单或栈单贴花
8. 借款合同	按借款金额的 0. 5‰贴花	立合同人	单据作为合同使用的，按单据贴花
9. 财产保险合同	按收取的保险费收入的 1‰贴花	立合同人	单据作为合同使用的，按单据贴花
10. 技术合同	按所记载金额的 3‰贴花	立合同人	
11. 产权转移书据	按所记载金额的 5‰贴花	立据人	股权转让书据按所载金额 3‰贴花
12. 营业账簿	记载资金的账簿，按实收资本和资本公积的合计金额的 5‰贴花。其他账簿按件贴花 5 元	立账簿人	
13. 权利、许可证照	按件贴花 5 元	领受人	

第二节　印花税的计算

一、印花税的计税依据

印花税的计税依据是应税凭证所载金额或应税凭证件数。根据印花税的不同征税项目，印花税的征收方式采用从价征收与从量征收。

（一）从价征收

采用从价征收方式，不同合同及账簿的计税依据也会不同，具体包括以下几类：

（1）购销合同的计税依据为购销金额（值得注意的是，在商品购销活动中，采用以物易物方式进行商品交易签订的合同，是反映既购又销双重经济行为的合同。因此，其计税依据应为合同所载的购、销金额合计数）。

（2）加工承揽合同的计税依据为加工或承揽收入（即合同中规定的受托方的加工费和提供的辅助材料金额之和），对委托方提供的主要材料或原料金额不计税贴花。

（3）建设工程勘察、设计合同的计税依据为勘察、设计收取的费用。

（4）建筑安装工程承包合同的计税依据为承包总金额，不得扣除任何费用。

（5）财产租赁合同的计税依据为租赁金额（即收取的租金收入）。

（6）货物运输合同的计税依据为运输费用，但不包括装卸费用、所运货物金额、保险费。

（7）仓储保管合同的计税依据为仓储保管费用（简称保费收入）。

（8）借款合同的计税依据为借款金额。

（9）财产保险合同的计税依据为保险费金额，不包括所保财产的金额。

（10）技术合同的计税依据为合同所载价款、报酬或使用费。

（11）产权转移书据的计税依据为所载金额。

（12）记载资金的营业账簿计税依据，为“实收资本”和“资本公积”账簿的两项合计金额。

（二）从量计税情况下印花税计税依据的确定

纳税人实行从量计税的其他营业账簿和权利、许可证照，以计税数量为计税依据。

二、印花税的计算

1. 按比例税率计算

实行从价定率办法计税的应税凭证，其计税公式为：

应纳税额 = 应税凭证所载金额 × 适用税率

2. 按定额税率计算

实行从量定额办法计税的应税凭证，其计税公式为：

应纳税额 = 应税凭证件数 × 单位税额

第三节　印花税的会计处理

印花税是企业管理费用的组成部分，应列入“管理费用——印花税”科目。企业在缴纳印花税时，应借记“管理费用”，贷记“银行存款”或“库存现金”等科目。

【例12-1】　某企业2011年1月开业，领受工商营业执照、土地使用证各一份，签订借款合同一份，计450 000元，签订产品销售合同两份，计80 000元。该企业有营业账册六本，其中一本记载“实收资本”1 000 000元。计算该企业1月份应纳的印花税，并作会计处理。

相关计算及会计处理如下：

（1）应纳的印花税税额 $= 2 \times 5 + 450\,000 \times 0.05‰ + 80\,000 \times 0.3‰ + (6 - 1) \times 5 + 1\,000\,000 \times 0.5‰ = 581.5$(元)。

（2）会计处理：

借：管理费用　　581.5

　　贷：银行存款　　581.5

第四节　印花税的纳税申报

一、印花税的纳税方法

印花税的纳税方法，根据税额的大小、贴花次数以及税收征收管理的需要，分别采用以下三种纳税办法：

（1）自行贴花办法，是纳税人预先购买印花税票，在纳税义务发生时贴花。这种办法一般适用于应税凭证较少或者贴花次数较少的纳税人。纳税人纳税义务产生时，应当根据应纳税额的性质和适用的税目税率，自行计算应纳税额，自行购买印花税票，自行贴足印花税票并加以注销或划销。对已贴花的凭证，修改后所载金额增加的，其增加部分应当补贴印花税票。凡多贴印花税票者，不得申请退票或者抵用。

对国家政策性银行记载金额的账簿，一次贴花数额较大、难以承担的，经当地税务机关核准，可在三年内分次贴足印花。

（2）汇贴或汇缴办法，是纳税人定期填写缴款书或者完税证，即时缴纳税款，并将其中一联粘贴在凭证上或者由税务机关在凭证上加注完税标记代替贴花。这种办法，一般适用于应纳税额较大或者贴花次数频繁的纳税人。

如果一份凭证应纳税额超过500元的，应向当地税务机关申请填写缴款书或者完税凭证，将其中一联粘贴在凭证上或者由税务机关在凭证上加注完税标记代替贴花。

同一种类应纳税凭证，需频繁贴花的，纳税人可以根据实际情况自行决定是否采用按期汇总缴纳应纳印花税的方式，汇总缴纳的期限是一个月。

（3）委托代征办法。这种办法主要通过税务机关的委托，经由发放机关或者办理应纳税凭证的单位代为征收印花税税款。

二、印花税的缴纳

（一）纳税义务发生时间

印花税应当在书立或领受时贴花，即合同签订时、账簿启用时和证照领受时贴花发生纳税义务。如果合同是在国外签订，并且不便在国外贴花的，应在将合同带入境时办理贴花纳税手续。

（二）纳税期限

（1）自行贴花的，自根据规定自行计算应纳税额，自行购买印花税票，至一次贴足印花税票并加以注销或画销时完成纳税。

（2）汇贴或汇缴的，汇总缴纳期限为一个月。

（3）委托代征的，纳税期限自书立、领受或者使用应税凭证时开始，至纳税义务完成时止。

（三）纳税地点

印花税实行就地纳税，即在书立或领受凭证时就地纳税。在全国订货会（包括展销会、交易会等）上所签订的合同应纳的印花税，由纳税人回其所在地后及时办理贴花完税手续；对地方主办、不涉及省际关系的订货会、展销会上所签订合同的印花税，其纳税地点由各省、自治区、直辖市人民政府自行确定。

契　税

第一节　契税概述

一、契税的含义

契税是以所有权发生转移变更的不动产为征税对象，向产权承受人征收的一种税。是不动产买卖、典当、赠与或交换订立契约时，由承受方缴纳的一种财产税，具体包括三种税：即买契税、典契税、赠与契税。

我国现行契税的法律依据有：1997 年 7 月 7 日国务院颁布并于同年 10 月 1 日起实施的《中华人民共和国契税暂行条例》（以下简称《契税暂行条例》）；同年 10 月 28 日，财政部印发的《契税暂行条例实施细则》，以及之后财政部、国家税务总局陆续发布的一些有关契税的规定、办法等。

二、契税的纳税人

契税的纳税人是在中华人民共和国境内转移土地、房屋权属，承受的单位和个人。

上述所说“土地、房屋权属”是指土地使用权和房屋所有权。“单位”是指企业单位、事业单位、国家机关、军事单位和社会团体、私营组织、个体工商户、外商投资企业、外国企业、国有经济单位以及其他组织。“个人”是指个体经营者及其他个人，包括中国公民和外籍个人。

三、契税的征税范围

根据现行《中华人民共和国契税暂行条例》的规定，我国契税的征税对象为发生土地使用权和房屋所有权权属转移的土地和房屋，包括国有土地使用权出让、土地使用权转让、房屋买卖等，具体如下：

1. 承受国有土地使用权支付的土地出让金

对承受国有土地使用权所应支付的土地出让金，要计征契税，不得因减免土地出让金而减免契税。

2. 土地使用权的转让

土地使用权的转让是指土地使用者以出售、赠与、交换或者其他方式将土地使用权转移给其他单位和个人的行为。

注意：土地使用权的转让不包括农村集体土地承包经营权的转移。

3. 房屋买卖

房屋买卖是指房屋所有者将其房屋出售，由承受者交付货币、实物、无形资产或者其他经济利益的行为。以下几种特殊情况视同房屋买卖：

（1）以房产抵债或实物交换房屋。

经当地政府和有关部门批准，以房产抵债或以实物交换房屋，均视同房屋买卖，应由产权承受人按房屋现值缴纳契税。

（2）以房产作投资或股权转让。

这种交易业务属房屋产权转移，应根据国家房地产管理的有关规定，办理房屋产权交易和产权变更登记手续，视同房屋买卖，由产权承受方按契税税率计算缴纳契税。

但以自有房产作股投入本人独资经营企业，免缴契税。

（3）买房拆料或翻建新房，应照章征收契税。

4. 房屋赠与

房屋赠与是指房屋产权所有者将其房屋无偿转让给他人所有。房屋赠与的前提必须是：产权无纠纷，赠与人与受赠与人双方自愿。

由于房屋是不动产，价值较大，故法律要求赠与房屋应有书面合同（契约），并到房地产管理机关或农村基层政权机关办理登记过户手续，才能生效。如果房屋赠与行为涉及涉外关系，还需公证处证明和外事部门认证，才能有效。房屋的受赠人要按规定缴纳契税。

此外，以获奖方式取得房屋产权的，其实质是接受赠与房产，应按照规定缴纳契税。

5. 房屋交换

房屋交换是指房屋所有者为了生活工作方便，相互之间交换房屋的使用权和所有权的行为。

四、契税的税率

契税实行3% ~5% 幅度比例税率。契税的适用税率，由各省、自治区、直辖市人民政府在规定幅度内，按照本地区实际情况确定契税的实际适用税率，并报财政部和国家税务总局备案。个人首次购买90平方米以下住房，从2008年11月1日起按1%税率征收契税。

第二节　契税的计算

一、契税的计税依据

契税的计税依据是不动产权属发生转移时，当事人签订契约的金额。但是，由于土地、房屋交易不同，其计税依据也就不同，具体如下：

（1）国有土地使用权出让、出售及房屋买卖，以成交价格为计税依据。成交价格是指土地、房屋权属转移合同确定的价格，包括承受方应交付的货币、实物、无形资产或者其他经济利益。采用以成交价格为计税依据不仅与城市房地产管理法和有关房地产法规规定的价格申报制度一致，而且有利于契税的征收管理。

（2）土地使用权赠与、房屋赠与，其计税依据由征收机关参照土地使用权出售、房屋买卖的市场阶格核定。

（3）土地使用权交换、房屋交换，以所交换的土地使用权、房屋的价格差额为计税依据。交换价格相等时，免征契税；交换价格不等时，由多支付货币、实物、无形资产或者其他经济利益的一方缴纳契税。

对于成交价格明显低于市场价格且无正当理由的，或者所交换的土地使用权、房屋的价格差额明显不合理且无正当理由的，由征收机关参照市场价格核定。

（4）以划拨方式取得土地使用权，经批准转让房地产时，由房地产转让者补缴契税。计税依据为补缴的土地使用权出让费用或者土地收益。

二、契税的计算

契税采用比例税率，其应纳税额的基本计算公式为：

应纳税额＝计税依据×适用税率

第三节　契税的会计处理

对纳税人缴纳契税的核算，应设置“应交税费——应交契税”账户。计算应缴纳的契税时，借记“在建工程”、“固定资产”、“无形资产”等，贷记“应交税费——应交契税”账户；实际向税务机关缴纳时，借记“应交税费——应交契税”账户，贷记“银行存款”账户；期末贷方余额为应交未交的契税。

【例13-1】　某公司购买一土地使用权，成交价格为600万元；购买一处房产，成交价格为450万元。契税税率为4%。计算该公司应纳契税额并编制相应的会计分录。

相关计算及会计处理如下。

土地使用权应纳契税＝6 000 000×4%＝240 000(元)；

房产应交契税＝4 500 000×4%＝180 000(元)。

(1) 计算应缴纳的契税时：

借：无形资产——土地使用权	240 000	
贷：应交税费——应交契税		240 000
借：固定资产	180 000	
贷：应交税费——应交契税		180 000

(2) 缴纳契税时：

借：应交税费——应交契税	420 000	
贷：银行存款		420 000

第四节 契税的纳税申报

一、纳税义务发生时间

契税纳税义务发生时间分不同情况确定，具体如下：

（1）契税的纳税义务发生时间是纳税人签订土地、房屋权属转移合同的当天，或者纳税人取得其他具有土地、房屋权属转移合同性质凭证的当天。

（2）纳税人因改变土地、房屋用途应当补缴已经减征、免征契税的，其纳税义务发生时间为改变有关土地、房屋用途的当天。

二、纳税期限

纳税人应当自纳税义务发生之日起的10日内，向土地、房屋所在地的契税征收机关办理纳税申报，并在契税征收机关核定的期限内缴纳税款。

三、纳税地点

契税的纳税地点为土地、房屋所在地的征收机关，不得委托代征。契税由各级财政机关或地方税务机关负责征收管理。